Thorsten Michael Rau

Verkaufsfaktor Sympathie

Team Rau Seminare
Thorsten Michael Rau
Lanzelotstr. 17
13125 Berlin
www.rauseminare.de
kontakt@rauseminare.de
Steuer Nr.: 35/485/62290

978-3-7439-4061-1 (Paperback)
978-3-7439-4062-8 (Hardcover)
978-3-7439-4063-5 (e-Book)

Inhalt:

Kapitel 1: Zum besseren Verständnis

1.1   Einleitung

Natur, welch` ein umfangreicher Begriff. Auch der Mensch gehört zu ihr. Wir sind nach der biologischen Systematik ein höheres Säugetier. Ganz natürlich kann ich andere Menschen für meine Ideen und Angebote gewinnen, wenn ich mich an die natürlichen Gesetze und an die wissenschaftlichen Erkenntnisse dazu halte. Und natürlich verkaufe.

Niemand kann sagen, wir haben in Deutschland keine guten Berater. Meine Erfahrung ist, dass es in vielen Branchen wirklich erstklassige Berater gibt, im Innen- sowie im Außendienst. Ob in der Industrie oder im Handel, hier ist die Devise: Selbstwertgefühl schaffen durch Produktwissen! Das ist grundsätzlich auch eine sehr gute Devise, solange es um die reine Beratung geht. Denn gerade hier ist das Produktwissen das A und O. Wehe aber wenn der zu Beratende gleich auch Kunde ist. Hier geraten die meisten „Berater" bereits an ihre Grenzen. Manchmal, durch den enormen Bedarf in Deutschland, jedoch nicht immer, sagt Ihr Kunde sofort: „Dann holen Sie mal den Bestellblock raus, ich diktiere." Wenn der Kunde das nicht gerade sagt, sondern Sie mit günstigeren Angeboten im Internet, anderen Wettbewerbern oder sonstigen Vorwänden konfrontiert, scheitern einige Berater bereits.

Besonders im Handel und der Industrie kenne ich zahlreiche Berater, darunter auch viele Experten mit mehr oder weniger viel Erfahrung in ihrer Branche. Es sind fleißige Leute mit vielen Produktschulungen und einer Menge Produktwissen im Gepäck. Doch auch diese wollen und müssen sich immer mehr durchsetzen, aber schaffen dies nicht. Die Gründe dabei sind sehr vielfältig und es ist sehr schade, doch oftmals werden die Berater sogar von Vorwänden der Kunden gefangen. Sie glauben und denken schließlich selber, dass die Konkurrenz besser ist, im Internet alles günstiger oder haben einfach keine Argumente dagegen. Ähnlich ist es bei den Monteuren, sie sind zwar eher für die Umsetzung da, also nicht im alleinigen Vertrieb. Sie haben aber dennoch den „direkten Draht" zum Kunden und oft auch das Vertrauen des Selbigen. Daher ist es Ihnen sehr gut möglich, Dienstleistungen und Produkte zu verkaufen oder wenigstens den Verkauf vorzubereiten. Mindestens jedoch die „Tür zum Kunden" offen zu halten und nicht zu schließen.

Geht es darum durch eigene Fähigkeiten mehr zu verkaufen, ist es vielen eher peinlich und sie fühlen sich unwohl dabei. Besonders im Handel ist dies ein gefährliches Spiel, das nur durch den unbändigen Bedarf der Kunden nicht öfter bestraft wird. Die verkaufstechnischen Kenntnisse sind oft sehr begrenzt oder werden nicht richtig und gezielt umgesetzt. Dabei gehört es zur Kompetenz eines Verkäufers sowohl die Funktion seiner Produkte zu kennen, als auch umfangreiche zwischenmenschliche und verkaufstechnische Kenntnisse, Fähigkeiten und Fertigkeiten zu besitzen und umzusetzen. Hier ist all zu oft dringender Nachholbedarf. Diesen Mangel haben auch einige Kunden schon bemerkt und spielen mit unseren Kundenberatern mit Ihren Forderungen und bei Preisverhandlungen Katz und Maus. Das müssen Sie ändern und gewappnet sein. Dies erreichen Sie nur durch gutes Produktwissen, rhetorische Fähigkeiten, eine überzeugende Persönlichkeit und psychologisch - zwischenmenschliche Kenntnisse. Andernfalls sind Sie Vorwänden, Abwehrhaltungen und Preisverhandlungen ausgeliefert und auf verlorenem Posten.

Ich habe eine gute Nachricht für Sie. Sympathie ist eine ganz natürliche Sache. Sie wirkt aus unseren psychologischen natürlichen Fähigkeiten heraus. Bewusst oder unbewusst! Nutzen Sie unsere menschliche Natur! Und zwar bewusst! Es ist Zeit für Gleichberechtigung. Machen wir aus Kundenberatern wieder Verkaufsberater oder besser gleich Verkäufer, denn Beraten ist nur Mittel zum Zweck! Sagen Sie ab heute einfach: „Ich bin Verkäufer!"

1.2   Gesundes und glückliches Streben nach Erfolg

In diesem Buch werde ich viel über die persönliche Entwicklung, über Erfolg, über Geld verdienen und über viele persönliche Komponente schreiben, die Sie zu einer erfolgreichen Verkäuferpersönlichkeit machen können. Auch eine überzeugende

Persönlichkeit, ohne im Verkauf tätig zu sein, werden Sie leichter erreichen. Das ist jedoch keine Maßgabe, wenn Sie es nicht wollen! Keiner kann heute einen Menschen erfolgreich machen, ohne dass dieser es will. Und das ist gut so. Die Tschakka – Motivation ist nicht von Dauer und hat sich in der Praxis als nicht nachhaltig erwiesen. Es zählt die intrinsische Motivation. Die Motivation, die aus meinem inneren Antrieb entsteht. Etwas, was ich selber wirklich will. Diese intrinsische Motivation kann man beflügeln, anspornen und Begeisterung verstärken. Ja, auch durch Motivationsseminare und Vorträge. Und Sie können lernen erfolgreich und begeisternd zu sein und zu verkaufen. Aber nicht Willen schaffen, der nicht vorhanden ist.

In meinen Seminaren werde ich immer wieder gefragt, ob man diese überzeugende Ausstrahlung und Begeisterung, dieses professionelle und doch so lockere Verhalten lernen kann. Ich werde gefragt, ob man dazu etwas braucht wie Talent oder spezielle Gene. Ob das jeder hinbekommt. Dann sage ich: „Ja, grundsätzlich schon. Wenn Sie dabei glücklich und gesund bleiben. Und - der Fleißige schlägt immer das Talent. Talent ist nützlich, reicht aber nicht." Dann gehe ich noch weiter und erkläre die entscheidenden Faktoren.

Wenn Sie es wollen, wenn Sie ein gutes Bauchgefühl haben, sich wohlfühlen und mit dem was Sie tun glücklich sind, dann ist die persönliche Entwicklung etwas ganz schönes und befriedigendes. Aber nur dann und nicht, wenn sich Ihr Körper gegen das, was Sie veranstalten, wehrt. Nehmen wir mal an Sie sind verliebt. Ich hoffe, Sie sind es immer. Also jedenfalls tun Sie dann Dinge für denjenigen, die Sie normalerweise nicht tun würden und fühlen sich super dabei. Sie haben „Schmetterlinge im Bauch" und schweben auf Wolke sieben. Das ist nicht 1:1 vergleichbar, aber mindestens sehr ähnlich bei allem was Sie tun. Wie geht es Ihnen dabei? Nehmen wir an Sie werden zur Führungskraft berufen. Ist das dann Ihre Berufung? Fühlen Sie sich nach 6 Monaten auch noch toll, stehen gerne auf um zu sehen was Sie heute bewegen können? Fühlen Sie sich im Innersten wohl, sind glücklich und verspüren nur positiven Stress? Positiver Stress treibt uns an und lässt uns aufmerksamer sein. Negativer Stress macht uns krank! Also wenn Sie sich gut fühlen, dann ist es toll und Sie werden Erfolg haben und Sie bleiben gesund. Zumindest werden Sie nicht krank von Ihrer Arbeit. Seien Sie achtsam mit sich und hören Sie auf Ihr überwiegendes Gefühl.

Das ist der Weg, der gut, gesund und legitim ist. Das ist ein glücklicher Erfolg! Den sollten Sie anstreben. Tun Sie nichts, weil Sie es für jemanden anders tun, weil es von Ihnen erwartet wird, weil es mehr Geld verspricht, weil es so üblich ist, weil es besser zu erzählen geht, weil es so modern ist. Tun Sie es nur, wenn Sie Spaß dabei haben! Tun Sie es für Ihre Unabhängigkeit und das Erfüllen Ihrer Träume. Dann werden Sie sehen wie leicht lernen, viele Bücher lesen, Weiterbildungen besuchen und Zeit optimal nutzen geht. Jetzt „brennen" Sie für das was Sie tun. Dann wird das ein ganz großer persönlicher Erfolg! Ihr Erfolg!

Kapitel 2: Sympathisch mehr verkaufen

2.1   Menschen gewinnen

Wenn wir Kunden gewinnen, bedienen und binden wollen, müssen wir in erster Linie den Menschen gewinnen. Und das wird jedes Jahr, jeden Monat, jeden Tag deutlicher. Also ist Sympathie für Verkäufer genauso wichtig wie für Menschen, die andere Menschen für sich gewinnen wollen. Für Spielkameraden, für Freunde, für Partner, für Kollegen, für Familien, für Mannschaftskameraden und Chefs. Für das Erreichen meiner Ziele, egal ob privat, auf dem Amt, der Bank oder im Business.

Es geht heute mehr denn je um das Gewinnen von Sympathie. Nicht zuletzt sind es doch auch die Freunde in Netzwerken mit denen sich viele rühmen. Damit will ich sagen, nicht nur meine Persönlichkeit, live erlebt, kann Sympathie herstellen. Nein, auch alles was es von mir zu sehen, zu lesen oder zu hören gibt, also meine „Visitenkarte" ist, hat darauf Einfluss. Durch nichts ersetzbar und immer noch die Nummer 1 im menschlichen Kontakt ist jedoch der persönliche Kontakt. Hier kann ich wahrnehmen, mich einfühlen, agieren und situativ reagieren.

Vor einiger Zeit hielt ich auf einem Autobahnparkplatz um die Toilette zu besuchen. Dumm nur, dass ich die falsche Einflugschneise erwischt habe. Die für LKW. Naja dachte ich, für

3 Minuten geht das schon. Falsch gedacht, denn als ich wieder kam sah ich den Herren in Uniform schon neben meinem Auto stehen. Auch etwas weiter vor mir stand ein PKW in der gleichen Situation, auch da war ein Beamter in Aktion. Nun kann man der Meinung sein, was soll das, es ist genug Platz der Parkplatz fast leer und ihr habt nichts Besseres zu tun als mir den kurzen Zwischenstopp durch eine, sozusagen Toilettengebühr, zu vermiesen. Rechtzeitig hab ich mich eines Besseren besonnen. Ich bin offen, freundlich und wertschätzend auf den Beamten zugegangen und habe freundlich gefragt, was passiert ist. Als er mir den Tatbestand mitteilte, habe ich Verständnis gezeigt für sein Handeln, bin ruhig und freundlich geblieben und habe erklärt, wie es dazu kam und dass ein Wendemanöver viel gefährlicher gewesen wäre. Zusätzlich habe ich mich an seine Stimmlage, Ausdrucksweise und Stimmung angepasst. Vor allem habe ich ihn ernst genommen, weder darüber gelacht noch geschleimt. Raten Sie was passiert ist? Ich durfte ohne Bußgeld fahren mit dem Hinweis es dem Vordermann bei einem möglichen Treffen nicht zu verraten, denn der hat gezahlt. Ich habe Sympathie hergestellt und ich hatte eine sinnvolle Erklärung. Mein Ziel habe ich erreicht, obwohl die Situation schon etwas grotesk war.

Nur so werden auch Sie Ihre Ziele erreichen, wenn eine positive innere Einstellung mit Offenheit, Empathie und professionellem Verhalten Sympathie herstellt. Frust, Wut und Selbstherrlichkeit sind hier falsch am Platz. Das gilt für Situationen im menschlichen Miteinander so wie besonders natürlich im Verkauf. Was genau ist Sympathie?

Wir alle kennen das Gefühl, wenn uns jemand sympathisch oder unsympathisch ist. Es ist eben ein Gefühl, dessen Herkunft vom Unterbewusstsein, z.B. durch schlechte Erfahrungen, Erziehung,

Herkunft usw. stammt oder durch das Bewusstsein erlebt wird, durch die momentane Situation. Weitestgehend kann man sagen, dass wir durch unsere Sinne, wie Sehen, Fühlen, Riechen, Tasten, Schmecken und Hören und durch mehr oder weniger Vorurteile etwas bewusst erleben, dann reagieren. Und hier wird es spannend. Ich kann mich also so verhalten oder so reagieren wie ich es aus Erfahrung, Erziehung usw. gelernt habe, wie ich gerade drauf bin oder ich verhalte mich beziehungstauglich so, dass es bei meinem Gegenüber positiv ankommt. Er hat dann das Gefühl, dass wir beide ähnlich ticken oder er bewundert mich in einer bestimmten Art sogar.

Das Wort Sympathie kommt von Sympathikus, ein so benannter Lebensnerv des Menschen. Daher kommen auch Sprichworte wie: „Geh mir nicht auf den Nerv." oder „Du raubst mir den letzten Nerv", was nichts weiter heißt als: „Wenn du so weitermachst, wirst du mir unsympathisch." Privat hat man oft den Vorteil, dass es angesprochen wird. Im Business meistens nicht, deshalb ist die Gefahr groß, dass wir den Kunden nicht erreichen mit unseren Angeboten und nicht wissen warum.

Sympathie kann mit 3 Begriffen erklärt werden. Mit Seelenverwandtschaft, mit Zuneigung und mit gefühlsmäßiger Übereinstimmung. Ich möchte diese Begriffe für das Verstehen und das Herstellen von Sympathie nutzen.

Kennen Sie das? Es treffen sich 2 Menschen mit einem Hund beim Spazierengehen. Sind die Hunde dann noch ähnlich, kommen beide Hundebesitzer meistens ins Gespräch. Ist Ihnen das schon mal beim Spazierengehen ohne Hund passiert, dass sie gefragt werden: „Na wieder mal ein wenig frische Luft schnappen?" Wohl kaum. Hier passt am besten der Begriff Seelenverwandtschaft. Nämlich dann, wenn ich gleiche oder ähnliche Dinge mag. Das können der gleiche Verein, ein Hobby, eine Moderichtung, Auto, Äußerlichkeiten usw. sein. Wir können es nur begrenzt beeinflussen, höchstens durch vielseitiges Interesse und die Mitgliedschaften in verschiedenen Vereinen und Organisationen. Gerade bei Äußerlichkeiten sollten Sie also immer so neutral wie möglich auftreten. Sehr gepflegt und gut, aber ohne Schnörkel, es sei denn Sie arbeiten in kreativen Branchen wie der Modebranche. Mehr noch dazu später.

Zuneigung möchte ich nicht weiter ausführen, da es stark in Richtung Liebe geht, zumindest großer Freundschaft. Auch in diesen Bereichen Liebe und Freundschaft ist Sympathie der erste wichtige Schritt, der erste gemeinsame Nenner. Vor allem aber eine Voraussetzung. Wenn ich jemanden nicht sympathisch finde, werde ich mich auch nicht in ihn verlieben.

Bleibt uns noch der Begriff gefühlsmäßige Übereinstimmung. Diese Erklärung für Sympathie ist schon leichter nachzuempfinden. Unser Gefühl, unsere Denkweisen, unsere Vorlieben, unsere Bedürfnisse sind in mehr oder weniger vielen Punkten gleich. Wir finden nicht nur die Kleidung des Anderen sondern auch seinen Geruch, Gesichtsausduck, die Bewegungen, also Gestik und Mimik, seine

Stimme und nicht zuletzt die Art und Weise des Erscheinens angenehm. Es harmoniert miteinander. Mindestens jedoch können wir es akzeptieren, es stößt uns nichts ab.

Damit ist schon fast gesagt, auf was ich achten muss, um Sympathie herzustellen. Das ist mehr als manch einer glaubt. Es geht hier nämlich bei Weitem nicht nur um Freundlichkeit. Vielmehr ist es die Gesamtheit, die entweder als Ganzes oder in einigen Details wirkt. Damit ist klar, ich kann die gefühlsmäßige Übereinstimmung stark beeinflussen. Mit meiner Körpersprache an erster Stelle und allem was damit zusammen hängt. Auch meine Tasche, die Unterlagen und Arbeitsmittel sind wichtig. Wie reagiert wohl ein Verfechter der No- Name Ideologie, wenn auf allen Ihren Sachen das Markenschild schon deutlich heraussticht und auf Ihrem Laptop ein glänzender angebissener Apfel zu sehen ist? Bestimmt nicht sympathisch.

Großen Einfluss haben die Kleidung, die Gepflegtheit, die Bewegungen, die Mentalität, die Geschwindigkeit, mit der ich mich bewege oder spreche, die Tonlage und Artikulation sowie mein Benehmen. Deshalb gibt es im Vertrieb auch die Faustregel so neutral und unauffällig zu sein wie möglich. Dann ist die Gruppe derer, bei denen ich Sympathie erreiche kann größer. Richtig? Nicht generell. Aber dazu komme ich später noch. Was zählt also?

In den hunderten von Seminaren der letzten Jahre sind es immer wieder die gleichen Einwände, die mir zu diesem Thema entgegen gebracht werden. Es wird gesagt: „Ich will mich nicht verbiegen, diese Kleidung passt nicht zu mir, wo ist dann meine Authentizität, manche Kunden benehmen sich auch daneben." Was sind das für

Standpunkte? Nehmen wir die Kleidung. Ist ein Chirurg nicht authentisch, weil er sterile Kleidung trägt? Haben Sie schon mal einen Polizisten bei der Arbeit mit kurzen Hosen und Flip Flops gesehen? Was ist das für eine Aussage? Nicht authentisch! Weil ich einen Anzug und ein Hemd trage als Kaufmann, als Verkäufer für Industriebedarf beispielsweise? Soll ich denn lieber einen Blaumann anziehen oder eine ausgewaschene Jeans? Bin ich dann authentischer? Nein, dann habe ich den Beruf verfehlt! Die Eleganz der Kleidung hat sicher auch was mit der Branche zu tun, als Kaufmann gibt es dennoch eine gewisse Businesskleidung. Punkt. Passen Sie Ihre Kleidung der Branche an, aber sein Sie immer im kaufmännischen Look und ruhig einen Tick besser gekleidet als der Kunde. Warum? Weil kein Mensch auf der Welt mit einem Verlierer, mit jemanden, der ungepflegt ist, zu tun haben will. Seien Sie ruhig locker, wenn Ihr Kunde sehr locker ist, aber tragen Sie keine ausgebeulten Hosen. Wie hat Nikolaus B. Enkelmann* schon gesagt: „Beurteile nie die Menschen nach Ihrer Kleidung, aber sei gewiss, dass sie es bei dir tun!" Wir haben ein Markenbewusstsein. Marke = Besser. Sympathisch ist mir der Mensch auch, den ich als etwas Besonderes sehe. Einer, der gepflegt und gut gekleidet ist. Ein wesentlicher Punkt – denn wie bei vielen Dingen gibt es eine Ausnahme. Es gibt zwei Dinge, die zwar auch sympathisch machen können, jedoch mehr eine „Möchtegern" gefühlsmäßige Übereinstimmung darstellen. Hier liegt keine Übereinstimmung vor, aber eine der Personen hätte hier gerne eine Übereinstimmung. Das sind Erscheinung und Benehmen. Ein Fakt warum ich in diesem Buch immer wieder Erscheinung und Benehmen anspreche. Hier kommt der sogenannte Idol – Effekt ins Spiel. Dazu ausführlich im Kapitel 2.4. Das alles heißt aber nicht, dass Sie sich wie ein Lackaffe benehmen sollen. Denn man kann sich auch mit Anzug in einer Werkstatt bewegen, wenn man z.B. Werkzeug verkaufen will. Es kommt darauf an wie Sie sich benehmen. Ob Sie die Nase rümpfen und mehr darauf achten sich bloß nicht einzusauen, oder ob Sie sich auf die Menschen und die Umgebung konzentrieren und wenn Sie eine Vorführung machen wollen, einen schönen sauberen Kittel rausholen und schnell überstreifen. Das macht Eindruck. Haben Sie gute Sachen an, aber achten Sie nicht ständig darauf. Achten Sie auf Ihren Gegenüber. Der ist jetzt wichtig und passen Sie Ihre Stimme, Geschwindigkeit und Art an, dann haben Sie große Chancen sympathisch zu sein.

Da stand ich mal, im Anzug mit Krawatte, beim Sondieren von neuen Adressen. Berlin Wedding, vor der Tür zum 2. Hinterhof. Ich dachte noch: „Willst du hier reingehen, wahrscheinlich wieder so eine Scheinadresse oder eine Ein Mann Show." Naja mein Verkäufer – Kampfgeist hat dann gesiegt. Jeder, der Umsatz macht oder machen könnte ist mir lieb. Also ging ich rein. Und es kam wie es kommen musste. Eine Bierzelt – Garnitur vor einer Motorradwerkstatt und daran saßen 5 Rocker komplett in Leder. Na super. Umdrehen – nein, nie, ich mag solche Leute auch. Die sind oft total in Ordnung. Die Blicke trafen alle auf mich, dass Gespräch wurde eingestellt. Ich zuckte nicht mal, legte ein leichtes Lächeln auf, steckte eine Hand in die Hosentasche (damit es so locker wie möglich wirkt) und ging zügig die gefühlten 100m bis zum Tisch. Ich sagte: „ Hallo", als wäre es das Normalste der Welt. „Ihr habt es ja gemütlich hier. Für eure Motorräder habe ich spezielle Sachen mitgebracht…" Meine empathische positive Denke vorweg hat sich bestätigt. Sie haben mich akzeptiert, trotzt Anzug und Krawatte. Ich habe mich auf die Leute eingestellt, war authentisch und habe mich nicht wichtig genommen, sondern die Leute. Auch wenn wohl nicht in allen Details die Übereinstimmung hergestellt war, dennoch konnte ich durch souveränes und natürliches Auftreten eine gewisse Sympathie herstellen.

Da alles im Kopf beginnt, ist Ihre innere Haltung ganz wichtig. Freuen Sie sich auf das was Sie tun, wo Sie hingehen, auf wen Sie treffen und zwar ehrlich und im tiefsten Inneren. Es ist ein Geschenk, dass Sie das machen können und dass Sie jetzt wieder eine Chance haben, einen Menschen zu gewinnen und etwas zu verkaufen. Viele Menschen würden jetzt gerne mit Ihnen tauschen. Der Ausgangspunkt ist immer Null. Egal was vorher war, es zählt nicht mehr. Es zählt was jetzt ist und was Sie daraus machen. Nehmen Sie die Herausforderung an, die das Leben so spannend und interessant macht. Immer passiert was Neues und Sie haben es in der Hand daraus etwas Besonderes zu machen.

Also gehen Sie offen, mit Augenkontakt und dynamischen Schritt auf die Menschen, mit denen Sie es zu tun haben, zu. Strahlen Sie im Gesicht und laufen Sie aufrecht. Und mit strahlen meine ich nicht grinsen wie eine Figur aus dem Wachsfigurenkabinett. Fröhlichkeit und Optimismus strahlen Sie aus, wenn das ganze Gesicht fröhlich ist. Und jetzt aufgepasst. Nehmen Sie Ihr Gegenüber richtig wahr. Denn wenn der gerade traurig ist, müssen Sie zwar nicht gleich mitmachen, jedoch sollten Sie ihn nicht mit großem Frohsinn „überfahren". Gefühlsmäßige Übereinstimmung ist, wenn Sie den Gegenüber wahrnehmen und sich in seine Gefühlswelt hineinversetzen, dann dort abholen. Manche gehen wie ein Elefant im Porzellanladen vor und kümmern sich nur um das eigene Befinden und nicht um das des Anderen. Das Hineinversetzen in die Gefühlswelt des Anderen funktioniert eben nur, wenn Sie in Ihrem eigenem Bewusstsein gefestigt sind und nicht, wenn Sie ständig mit sich selbst zu tun haben.

Körper, Geist und Seele sind die 3 Hauptkräfte in unserem Körper. Der Körper ist zuständig für das Handeln, der Geist für das Denken und die Seele für das Gefühl. Diese müssen gesund sein und haben eine gegenseitige Abhängigkeit. Ist der Körper schlaff und krank fühlen Sie sich schlecht und denken bestimmt auch nicht besonders positiv. Ist der Geist, also das Denken, negativ und zerfressen von Zweifeln, Ängsten und Schwarzmalerei, dann handeln Sie schlecht und Sie fühlen sich als Verlierer, als einer bei dem alles schief geht. Fühlen Sie sich schwach, einsam und verlassen, ist Ihre Seele verletzt, dann denken Sie negativ, werden verzweifelt und der Körper, das Handeln wird schwach. Nichts gelingt mehr. Haben Sie es gemerkt? Es ist ein Teufelskreis. Wenn sich das entwickelt und das Handeln immer fehlerhafter wird, weil das Denken negativ ist, Sie sich dann schlecht fühlen, geht die Spirale steil bergab und Sie enden in einem krankhaften Zustand. Zumindest aber werden Sie so nicht sympathisch, haben keinen Nerv auf Andere zu achten und haben nur noch mit sich zu tun.

Jetzt genug davon. Ich habe eine tolle Nachricht für Sie! So wie diese Abhängigkeit von Körper, Geist und Seele negative Auswirkungen haben kann, können Sie es positiv beeinflussen. Ja genau! Übernehmen Sie das Ruder! Sein Sie der Manager Ihres Körpers! Der Chef sind Sie! Am besten Sie denken nur noch positiv. Geht nicht immer? Stimmt. Fliegt also so ein unguter Gedanke heran, dann handeln Sie einfach positiv. Springen Sie über eine Wiese, jubeln Sie, lachen Sie, singen Sie ein Lied. Richtig rocken nach Ihrem Lieblingstitel oder wenigstens mitsingen. Es hilft, versprochen. Und wenn das gerade nicht so geht, nehmen Sie wenigstens einen Stift, legen ihn quer in den Mund, halten ihn mit den Zähnen im Mundwinkel, so dass der Mund zum Lächeln verzogen wird. Die Lippen dürfen sich nicht berühren. Zugegeben sieht auch nicht gerade toll aus, aber hilft! Die Gesichtsmuskeln geben an das Gehirn ein Signal. Lachmuskel angespannt. Wir sind lustig. Positiv denken, zack schon wird's besser! Ist die Seele verletzt, also das Gefühl bescheiden, können Sie auch mit positiven Denken einen Plan schmieden, wie Sie wieder auf die tolle – Gefühle – Seite kommen. Manchmal hilft hier auch ein freundlicher Mitmensch. Denken Sie an Kinder, die sich das Knie zerschrammt haben, Schmerzen haben und furchtbar traurig sind. Einfühlungsvermögen, ein paar tröstende Worte, ein bisschen Pusten und alles ist wieder viel besser.

Sie können sich selbst konditionieren! Ich möchte jetzt nicht sagen, positives Denken ist alles. Aber es ist sehr viel. Denn Sie brauchen es um optimistisch zu sein, um Begeisterung zu übertragen, um überzeugend zu sein und nicht zuletzt um im Kundengespräch bei Ablehnung und Gegenwehr nicht verletzt und beleidigt zu reagieren, sondern professionell mit allen rhetorischen und emotionalen Fähigkeiten. Schauen Sie auf die Sache, auf die Arbeit, auf Ihr Können und sehen Sie das Glas halb voll und nicht halb leer. Selbstwertgefühl ist hier auch sehr wichtig. Was haben Sie im Leben alles schon geschafft und gemeistert. Schreiben Sie es auf und hören Sie bei den kleinen und großen positiven Dingen nicht auf, bevor

100 Dinge, die Sie schon gemeistert haben, darauf stehen. Ja, Sie haben einen besonderen Wert in diesem Ihrem Leben und jetzt können Sie positiv weitermachen! Sehen Sie es sportlich, wenn ein Kunde sehr speziell ist. Lesen Sie viel Motivationslektüre und konditionieren Sie Ihr Gehirn und damit Ihr Handeln und Fühlen positiv! Mir helfen immer „Spickzettel" oder Bilder. Am Anfang meiner Verkäufer – und auch Trainerlaufbahn waren es viele Bilder und Sprüche, die überall dort verteilt waren, wo ich mich oft aufgehalten habe. Fängt an im Bad, im Büro, im Auto, im Flur, am Bett. Bilder motivieren und erinnern. Auch heute mache ich mir Spickzettel, wenn ich etwas Neues umsetzen möchte. Ich bin mir sicher, dass es ohne nicht geht. Sie müssen sich ständig erinnern, weil der Alltag, die Gewohnheiten und das operative Geschäft uns fest im Griff haben.

Auf alle Fälle ist eines klar, Sie haben es in der Hand! Sie können es bestimmen. Umso ausgeglichener Sie sind, positiv und voller Zuversicht, je mehr wird es die Umwelt um Sie herum. Die Menschen spüren das, Sie wirken positiv nach außen und können mit frohem Geist auf den Gegenüber achten und sich auf seine Welt einlassen. Das macht sympathisch.

Alles klar? Sie müssen ok sein, um den Kunden richtig wahrzunehmen. Jetzt achten Sie auf den Rhythmus, den der Gegenüber hat. Wie schnell ist seine Sprechweise? Stellen Sie sich darauf ein. Das heißt nicht, wenn sich jemand beim Sprechen überschlägt, dass Sie auch den Schnellsprechwettbewerb gewinnen müssen. Dennoch ist es günstig, wenn Sie Ihre normale ruhige Sprechweise etwas schneller gestalten. Und beim langsamen Redner eben bewusst langsamer. Das Gleiche gilt bei der Lautstärke. Ein Lautsprechender versteht den leise Sprechenden nicht so gut, weil sein Gehör auf laut programmiert ist. Also ist es für einen, der laut spricht nicht gut, wenn er immer so lauschen muss. Das ist indirekter Stress und wird keine Sympathie erzeugen. Und natürlich umgedreht. Ein leise Sprecher fühlt sich vom laut Sprecher angeschrien. Vermeiden Sie die Gegensätze und passen Sie sich etwas an.

Überhaupt gilt für die Gestik und für die Bewegungen, die Sie machen - Anpassung. Nicht in extreme Bereiche, aber etwas. Nehmen Sie einen hektischen Kunden, der alles macht, am liebsten auf einmal, der nie stillsteht, immer in Bewegung und immer komplett beschäftigt ist. Seine Gestik ist schnell und nie richtig abgeschlossen. Und Sie sind besonders ruhig, völlig entspannt und bedacht. Ok, aber diesen Kunden wird es verrückt machen. Für ihn sind Sie ein Lahmarsch. Keine gefühlsmäßige Übereinstimmung. Richtig? Haben Sie doch alles schon mal erlebt. Kann man natürlich auch wieder umdrehen. So eine „Schlaftablette", einer der alles in gefühlter Zeitlupe macht, wird verrückt, wenn Sie dynamisch umher hüpfen. Hektiker trifft auf Ruhigen, Ruhiger trifft auf Hektiker. Gleichen Sie es ein wenig aus. Sie sind der Profi, Sie sind in der Pflicht.

Um eine gute „Übertragung" zu haben, ist es notwendig wenig oder am besten keine Barrieren zu haben. So offen wie möglich da zu stehen, zu sitzen oder zu reden. Wenn Sie als Redner die Menschen erreichen wollen, haben Sie keine Tische, Pults oder Ähnliches vor sich. Wie Paul Watzlawick* schon sagte: „Man kann nicht nicht kommunizieren." Wenn Sie mit der Übertragung von nonverbaler Kommunikation also punkten wollen, dann müssen Sie die Signale des Gegenüber erkennen und zielgerichtet Ihre senden. Körpersprachliche Signale sind vielfältig und werden von unserem Unterbewusstsein immer wahrgenommen. Besser, wenn sie diese bewusst wahrnehmen. Nur dann haben sie immer ein Feedback, wissen immer wie der Gegenüber zu Ihren Aussagen steht. Denn eines ist klar. Dauerhaft verstellen kann sich niemand. Die Körpersprache verrät unsere innere Einstellung immer und wenn diese nicht kongruent zu unserer Sprache ist, sind wir nicht glaubwürdig. Viel früher als mit Worten haben sich unsere Vorfahren mit Gesten und Mimik, sowie Zeichen verständigt. Das ist so fest in unserer Natur verankert, dass es jetzt noch immer sehr wesentlich und unterbewusst übertragen wird. Ein Beispiel dafür sind die Hände. Sie sollten immer zu sehen sein, auch wenn ich die Arme mal verschränke. Die Hände liegen auf dem Tisch und nicht darunter, sie sind neben dem Körper oder davor in Höhe des Bauchnabels. Was heißt das? Dass wir keine Waffen oder Ähnliches in der Hand haben. Lächeln sie doch mal und beißen dabei die Zähne zusammen. Sieht das lustig aus? Ich denke nicht. Reißen Sie die Augen auf und öffnen leicht den Mund. Jeder, der Sie sieht, wird denken, dass Sie Angst haben oder wenigstens entsetzt sind. Halten Sie die Hände in Höhe der Brust vor den Körper mit den Handflächen nach vorn und jeder wird darin eine Abwehrhaltung sehen. Ein Schutz vor dem Körper der etwas abhalten soll. Nicht nur eine Bedrohung durch ein Objekt, sondern oft auch die Bedrohung durch Worte. Einer der größten Körpersprachelehrer unserer Zeit ist Samy Molcho aus Frankreich. Es gibt viel Literatur von ihm. Die kann ich Ihnen nur empfehlen. Die Grundlagen der körpersprachlichen Signale müssen Sie jedoch mindestens kennen, um andere Menschen richtig einzuschätzen und auf diese eingehen zu können.

Gehen Sie darauf ein und Sie werden Sympathiepunkte erhalten. Genauso können Sie natürlich auch selbst und ganz gezielt solche körpersprachlichen Signale einsetzen. Zum Vorteil von beiden Seiten. Begeisterung, Überzeugungskraft, Glaubwürdigkeit und Charisma. Ihr Körper erzählt dem Gegenüber wie Sie wirklich sind und denken. Alles braucht die Signale der Körpersprache in Kongruenz mit Ihrer Sprache. Das erreichen Sie nur mit Kenntnissen darüber und einer positiven inneren Einstellung. Vergessen dürfen wir auch nicht, wie vorab schon erwähnt, die Geschwindigkeit der nonverbalen Kommunikation. Passen Sie sich an den Gegenüber an. Ist er schnell in den Bewegungen oder sehr langsam? Machen Sie nicht das Gegenteil.

Auf den Punkt:
- Sympathie wird mit einer gefühlsmäßigen Übereinstimmung, Seelenverwandtschaft und Zuneigung erklärt
- Das Denken und Ihre positive innere Einstellung entscheiden
- Körper, Geist und Seele, nutzen Sie diese 3 Hauptkräfte in Ihrem Körper und deren gegenseitige Abhängigkeit

- Gleichen Sie Ihre Lautstärke, Bewegungen und Ihre Aktivitäten an die des Gegenüber an
- Körpersprache wird ständig „gesendet", achten Sie auf Kongruenz zur Sprache
- Bringen Sie sich immer in eine positive Stimmung

2.2 Sympathie – im ersten Eindruck

Für den ersten Eindruck gibt es keine zweite Chance. Diesen Spruch kennen Sie vielleicht. Bekannt schon - nur was tun wir um diese Chance zu nutzen? Nicht wirklich viel, oder? In einer Viertelsekunde haben Millionen Spiegelnervenzellen, sogenannte Neuronen, den Gegenüber gescannt. Jetzt kann man das positiv oder weniger positiv sehen. Positiv – ein Glück nur so kurz, oder weniger, mein Gott warum habe ich so wenig Zeit. Auf alle Fälle ist dieses „Blitzlicht" der entscheidende Faktor, ob wir weiterhin eine große Chance haben oder eher nicht. Wenn Sie das gemeistert haben, gibt es nochmal, aus meiner Erfahrung, ca. 4 Minuten, um den Eindruck zu verstärken. Haben Sie das nicht geschafft, also keine weiteren Minuten oder Sie versauen diese Minuten, dann können Sie sich wahrscheinlich die weitere Zeit sparen. Außer natürlich Sie haben etwas was sonst keiner hat. Ok, ist geträumt. Ein Fakt, der Sie durch das gesamte Kundengespräch verfolgen wird. In der Kommunikationslehre wird gesagt, die Beziehungsebene überlagert oder beeinflusst in großem Maße die Sachebene. Oder anders, die Sachebene ist sehr stark von der Beziehungsebene abhängig.

Ich sage immer: „Abschlusstechnik fängt beim ersten Eindruck an!"

Auch weniger neu ist die Tatsache, dass der erste Eindruck, nach Prof. Albert Mehrabian*, von folgenden Faktoren hergestellt wird. 7% nach dem was Sie sagen. Nehmen wir für den ersten Eindruck eine Begrüßung. Wie auch immer Sie diese Worte zusammensetzen, wie kurz, wie lang, nicht so wichtig. Es sollte nur keine Beleidigung dabei sein, das könnte schief gehen. Aber sonst ist es wirklich nicht besonders relevant. Bitte nur nichts Abgedroschenes wie: „ Guten Tag, hier ist die Muster GmbH, Sie sprechen mit Vorname Nachname, was kann ich für Sie tun?" Da ist der Gegenüber schon genervt bevor es losgeht. Auch wenn Sie das so daher leiern, dass es wie ein Wort wirkt.

38% nach Ihrer Stimme. Schon viel spannender. Jetzt werden Sie denken, naja meine Stimme ist wie sie ist. Stimmt grundsätzlich schon, Ihre Stimme sollte nur nicht völlig außergewöhnlich sein. Aber Ihre Artikulation, das heißt Verständlichkeit und Deutlichkeit sollten gewahrt sein. Keiner will jemandem gerne zuhören, der die Zähne nicht auseinander bekommt, undeutlich formuliert oder einen unbekannten starken Dialekt hat. Ich brauche kein Moderator oder Wetteransager sein, eine saubere klare Aussprache hört doch jeder lieber, erst recht von einem Verkäufer. Piepsen Sie wie eine

Maus oder brummen Sie wie ein Bär? Der Bär hat sicher gegenüber der Maus Vorteile, nur Sympathiepunkte bekommen Sie damit auch nicht, sofern Ihr Gegenüber nicht zufällig den gleichen Klang hat. Zum Glück sind das seltene Stimmklänge, die, sofern Sie Ihren Beruf ernst nehmen, behandelt werden können. Übrigens auch eine undeutliche Aussprache ist mit Training wesentlich zu verbessern. Die Lautstärke jedoch können Sie sofort anpassen. Ein Mensch, der laut spricht hört nicht so gut wie ein Mensch, der leise spricht. Also folgt daraus, dass ein leise sprechender Kunde nicht laut angesprochen werden will, weil er sich dann angeschrien fühlt. Spricht er besonders laut, dann sollten Sie nicht leise sprechen, da er dann immer sehr genau hinhören muss und das stresst. Keine Sympathie. Deshalb hören Sie genau hin und passen Sie Ihre Lautstärke wenn notwendig an.

Einen großen Einfluss hat und unsere Chance ist mit 55% die Körpersprache, die schon fast selbsterklärend ist. In vielen Belangen gilt es, eine Übereistimmung herzustellen. Schon bei der Stimme haben wir das festgestellt. Jetzt könnte man vermuten, dass es für alle Bereiche gilt, wie zum Beispiel dem Aussehen, dem Wesen usw.. Da bin ich anderer Meinung. Eine Übereinstimmung sollte es im Wesen, in der Gestik und Mimik geben. Und das typenbezogen, worauf ich noch im Kapitel 1.5 zu sprechen komme. Wenn mein Gegenüber schnelle Bewegungen macht und leicht hektisch wirkt, dann kann ich mich nicht wie eine Schlaftablette bewegen. Das würde unseren Gesprächspartner verrückt machen und es entsteht keine Sympathie. Ist unser Gegenüber ruhig, zurückhaltend oder sogar ängstlich, darf ich ihn nicht mit Dynamik „überfahren". Ein Punkt, der immer wieder missachtet wird. Genau das Gegenteil vom oben Gesagten erlebe ich in vielen Coachings. Der Verkäufer ist wie er ist und missachtet den Status des Gesprächspartners. Er lässt Einfühlungsvermögen vermissen und holt den Kunden nicht aus seiner Welt ab. Das funktioniert nicht. Dadurch erreiche ich genau das Gegenteil, ich werde unsympathisch. Diese Sprüche: „Geh mir nicht auf den Nerv" belegen es auch. A-synchrones, dem Wesen und dem momentanen Zustand des Gesprächspartners nicht gleiches Verhalten macht unsympathisch und damit erreichen wir unsere Ziele nicht.

Denken Sie daran, der erste Eindruck kann schon bei der Anfahrt entstehen. Durch Zufall oder bewusst schaut der Kunde auf den Hof. Sie haben einen Termin und rauschen zügig mit Ihrem Wagen an. Schnell auf dem Parkplatz der Geschäftsleitung eingeparkt, weil nichts weiter frei ist. Raus aus dem Auto, Hosenschlitz oder BH noch geprüft, den Kaugummi ausgespuckt oder die Kippe ausgetreten, den Kofferraum auf und aus dem Kram, der dort rumliegt, umständlich die Mappe raus gekramt, den Prospekt noch glattgestrichen und ab zum Empfang? So werden Sie garantiert den allerersten Eindruck versaut haben. Deshalb gilt grundsätzlich: Vorher alles ordnen, zurechtlegen und dann Firmeneinfahrt heißt - Beginn des Termins! Achten Sie immer darauf. Benehmen Sie sich unauffällig, aber nicht zögerlich, sein Sie Rücksichtsvoll allem und jedem gegenüber, Grüßen Sie jeden, auch Gartenarbeiter oder Ihnen Unbekannte. Nicht selten habe ich erlebt, wie ein unauffälliger Mensch auf dem Gelände des Unternehmens der Geschäftsführer war oder wie ein gestern noch aktueller Lagerarbeiter plötzlich der Entscheider wurde. Es ist eine Frage des

Anstands und zudem professionelles Verhalten, jedem Menschen wertschätzend gegenüber zu treten.

Eines ist allerdings, aus meiner Sicht, nicht konkret mit Übereinstimmung in jedem Fall zu bewältigen. Das sind die Erscheinung und das Äußere. Hier sind einige Verkäufer ganz anderer Meinung. Natürlich ist mein Äußeres der Branche angepasst. Aber nur weil ich in einem Krankenhaus verkaufe, muss ich doch keinen weißen Kittel tragen. Nur weil jemand krumm dahergeschlichen kommt, muss ich das nicht auch tun. Weil jemand schludrig ist und schlampig gekleidet, muss ich das doch nicht auch. Nein! Hier gilt die Erkenntnis, Menschen kaufen mit Wünschen und Bildern im Geiste. Diese Bilder sind von Zuversicht und positivem Erleben geprägt. Die Wünsche gehen manchmal auseinander. Wünsche sind oft größer als der tatsächliche Bedarf. Meistens, weil man sich den Wunsch nicht leisten kann oder es aus anderen Gründen nicht umsetzen kann. Deshalb muss ich als Verkäufer den tatsächlichen Bedarf des Kunden auch zelebrieren, als wäre es der Wunsch. Auch in meiner Erscheinung und dem Umfeld. Immer ein wenig besser als mein Gesprächspartner, auf jeden Fall sollte es Erfolg und Selbstbewusstsein ausstrahlen. Was ich innen denke, zeige ich außen. Mit Ihrer Erscheinung verkörpern Sie eine Marke. Im Normalfall ist in der Position „Erscheinung" genau nicht die Übereinstimmung, sondern das Bild entscheidend, was ein Mensch von einem erfolgreichen glücklichen Menschen hat. Menschen, die genauso denken, verkörpern es dann auch und die Übereinstimmung ist in gewisser Hinsicht auch wieder gegeben. Das bringt Sie in jedem Fall weiter. Nur Verlierer werden das ablehnen. Solche, die sich aufregen, wenn Ihr Outfit zu hochwertig,

Ihre Einstellung zu positiv und Ihr Auto zu groß sind. Die kenne ich auch, die sind nicht erfolgreich und dümpeln so vor sich hin. Diese Menschen können es nicht vertragen, dass Sie auch was verdienen und oft mehr als sie selbst. Für diese Menschen sind Verkäufer nervige Störer und sie sehen uns nicht als einen großen wichtigen Berufsstand in der Wirtschaft.

Auf den Punkt:

- Achten Sie auf Ihren ersten Eindruck, denn dafür gibt es keine zweite Chance
- Abschlusstechnik fängt beim ersten Eindruck an
- Menschen kaufen mit Wünschen und Bildern im Geiste
- Menschen möchten lieber Marken (Erfolg) kaufen
- Strahlen Sie Optimismus und Erfolg aus

2.3: Sympathie – authentisch oder Schauspiel

Als authentisch bezeichnet Wikipedia folgendes: „Als authentisch gilt ein solcher Inhalt, wenn beide Aspekte der Wahrnehmung, unmittelbarer Schein und eigentliches Sein, in Übereinstimmung befunden werden."

Jeder hat seine spezielle Persönlichkeit, jeder ist ein Individuum. Jeder hat ein Bild von sich, wie er gesehen werden möchte (Selbstbild) und wird von Anderen gesehen (Fremdbild). Ziel muss es sein, das Selbstbild nah an das Fremdbild zu bringen, heißt ich muss mich mit allen Stärken, Macken und Schwächen genau kennen. Wirken wie man wirken möchte oder wie es nötig ist. Das ist die hohe Kunst. Das ist super wichtig, denn genau das ist ein großer wichtiger Ausschlag im persönlichen Verkauf. Wenn wir etwas kaufen und dafür mehr Geld ausgeben als für Dinge des täglichen Bedarfs, dann wollen wir, jedenfalls die Meisten, ein Erlebnis, wir wollen dafür umworben werden, einen persönlichen Kontakt, einen Smalltalk. Hier kann ich als Verkäufer stark mit meiner authentischen Persönlichkeit punkten. In meinen Seminaren sage ich immer: „Wenn Ihnen die unterscheidenden Argumente ausgehen, dann sagen Sie einfach, dass Sie der Unterschied sind." Zum Beispiel: „Und dazu bekommen Sie mich, 100% Einsatz und ein toller Typ." Das kommt an, hat ein wenig Humor und beeindruckt.

Viele werden jetzt sagen: „Na, habe ich doch gesagt, ich bin authentisch und verbiege mich nicht, mit Anzug und so." Doch Vorsicht! Authentizität allein reicht nicht. Sie müssen professionell authentisch sein. Ein authentischer Profiverkäufer eben. Was ist das? Es ist die Einstellung zu sich selbst, zu anderen und zu meinem Job. Dazu die Fähigkeiten und Fertigkeiten eines Profi-Verkäufers. Diese werden immer wieder abgeglichen, hinterfragt und verbessert. Dann noch meine Persönlichkeit mit den mir bekannten Stärken und Schwächen. Es ist ein Muss, diese zu kennen.

Natürlich haben Sie in gewisser Weise Recht, wenn Sie sagen: „Der eine oder andere Kunde ist nicht leicht, da brauche ich schon sehr viel professionelle Authentizität, um nicht aus der Haut zu fahren." Ja, es ist manchmal nicht leicht sich wohl zu fühlen, wenn der Kunde unsachlich und unter der Gürtellinie agiert. Ich sage Ihnen, gehen Sie wie ein Sportler an die Dinge heran. Nehmen Sie diese Aufgaben sportlich. Dann geht es um Ihre Leistung, um Ihr Können und um einen neuen Rekord – also hier um einen neuen Kunden oder ein Projekt. Können Sie dennoch den Kunden nicht gewinnen, dürfen Sie kurz traurig sein, dann müssen Sie aber hinterfragen, was Sie hier hätten besser machen können. Das ist ganz wichtig. Dann lernen Sie, wie Sie solche Situationen besser meistern können und sind beim nächsten Mal schlauer. Analysieren, lernen, verinnerlichen und umsetzen! Wie der Weitspringer, der Weltmeister werden will. Der arbeitet ständig an Kraft und Technik. Das können Sie im Verkauf auch. Und mit Kraft ist hier die mentale Kraft gemeint. Meine Entwicklung habe ich 3 wesentlichen Dingen zu verdanken. Meinem ständigen mich selbst hinterfragen, dem großen Lernwillen mit dem Willen zum Umsetzungserfolg und meiner Frau, die mich aufgebaut hat, wenn meine Selbstzweifel zu groß waren.

Arbeiten Sie an sich wie ein Sportler, dann ist ein sehr schwieriger Kunde eine sportliche Herausforderung besser zu werden und kann Sie nicht verletzten. Allerdings gibt es auch Menschen, bei denen können Sie das Herstellen von Sympathie ruhig vergessen. Diese Menschen überschreiten Grenzen und sind beleidigend. Hier müssen Sie ein klares „Stopp" geben und deutlich eine weitere Kommunikation auf diesem Niveau ablehnen. Das ist authentisch. Eigene Grenzen bei Geschmacklosigkeit ohne Moral, Würde und Ethik hat jeder von Ihnen. Ist diese Grenze erreicht, machen Sie halt! Ich teste dann immer kurz, ob es ein Ausrutscher war. „ Ich weiß nicht, was Sie jetzt damit bezwecken wollen. Können wir das Thema sachlich weiterführen?" oder „Ich möchte mich nicht auf dieser Ebene weiter unterhalten, was meinen Sie genau mit…?" Bleibt es wirklich unter der Gürtellinie, dann verlasse ich die Situation und denke mir: „Was ist dem armen Menschen alles schon passiert, dass er so ist wie er ist?" Dann habe ich Mitleid und das fühlt sich besser an als Wut und Frust. Authentizität hat sehr viel mit Glaubwürdigkeit zu tun. Glaubwürdigkeit ist nur gegeben, wenn ich auch „Nein" sagen kann und meinen Standpunkt vertrete, wenn es notwendig ist, wenn Moral und Ethik nicht mehr gegeben sind.

Authentizität ist, wenn ich mich wohlfühle und ohne Schauspiel mein Leben und meine Arbeit vollbringe. Und genau hier liegt ein ganz entscheidender Fakt. Ich verhalte mich so wie ich bin, wie ich denke und wie es leicht für mich ist. Ich fühle mich wohl. Das ist authentisch. Dann ist Wort und Tat eine Einheit. Als Verkäufer ist es Ihre Aufgabe Menschen zu gewinnen, Produkte und Leistungen zu verkaufen. Sie müssen sympathisch sein. Für jeden Menschen kann ich jedoch nicht sympathisch sein, weil das nur automatisch für ähnliche Persönlichkeitstypen, bei ähnlichen Bedürfnissen, Glaubenssätzen, Einstellungen usw. geht. Bin ich jetzt absolut authentisch und richte mich nur nach meinem Ego, dann mögen mich einige und einige eben nicht. Das ist in Ordnung und geht! Verkäufer müssen aber Profis im Umgang mit Menschen sein. Wenn nicht, haben wir wieder die berühmte Quote. Mittelmaß! Ein paar Kunden erreiche ich, eine große Anzahl nicht. Wollen Sie die Quote positiv nach oben verschieben, dann müssen Sie sich auch auf die Menschen einstellen, die Ihnen nicht so recht sind, die andere Interessen, andere Meinungen, andere Bedürfnisse haben. Ein Verkaufsprofi passt sich an! Das kann er nur, wenn er dazu Kenntnisse über Persönlichkeitstypen besitzt, sich selbst zurücknimmt und aktiv zuhört. Also ein großes Einfühlungsvermögen besitzt. Das fängt ohne „Wenn" und „Aber" bei meinem Denken, bei meiner Einstellung an. Ich denke gut, optimistisch und positiv über mich, die anderen Menschen als Kunden und die Umstände. Nur dann, wirklich nur dann ist es kein Schauspiel! Dann kann ich authentisch sein, weil ich mich wohl fühle. Ich bin ich. Mit guter Kleidung, Niveau und Stil, einfach überzeugend. Dann bin ich professionell authentisch! Jetzt kann ich authentisch sein, obwohl ich mich auf andere Dinge einlasse, obwohl ich in verschiedenen Punkten ganz anderer Meinung oder Auffassung bin. Es gibt auch den Spruch: „Denke nie für deinen Kunden". Anschließen kann ich hier: „Denke mit ihm."

Wie behandeln Sie einen Straßenverkäufer oder einen Haustürverkäufer? Abwertend, schlagen Sie ihm die Tür vor der Nase zu und machen noch eine abfällige Bemerkung? Obwohl dieser Mensch kämpft, nicht bettelt und nicht Sozialhilfe beansprucht. Es gibt das Gesetzt der Resonanz. Was Sie Denken und Tun kommt zurück! „Wie du in den Wald hinein rufst, so kommt es zurück." Kennen Sie bestimmt. Prüfen Sie also Ihre Einstellung zum Verkäuferberuf – ist diese positiv und begeistert? Oder nur was Sie tun? Oder einfach was ein Verkäufer zu tun hat? Ohne Abstriche. Ist Ihre Einstellung mindestens positiv, ja, dann ist das ein Stück Authentizität. Dann ist Ihnen, zum Beispiel, eine sympathische Hartnäckigkeit, potentielle Kunden immer wieder zu kontaktieren, nicht peinlich. Dann können Sie auch mit Ablehnung gut umgehen und erarbeiten die passenden Antworten auf Abwehr und Vorwände (unfaire Einwände und Vorwände). Diese erwähnte Hartnäckigkeit ist im Verkauf in der Regel ein entscheidender Punkt. Heute, wo der Kunde alles und fast überall bekommt,

kann ich nicht erwarten, dass mein Angebot seine oberste Priorität hat. Er verdrängt es, er wird vom Tagesgeschäft ständig gefordert. Oft wenn ich gedacht habe, ich bin mit dem Kunden einig, kurz vor dem Vertrag, ist der Kontakt abgebrochen. Ich bleibe dann dran und rufe hartnäckig immer wieder mal an. Dann, manchmal wollte ich schon aufgeben, habe ich ihn wieder am Telefon und der sagt: „Oh ja, gut, dass Sie sich melden, jetzt legen wir aber los!" Man sagt mir oft: „Sie sind aber hartnäckig." Ein großes Lob für einen Verkäufer! Sein Sie unbedingt hartnäckig, bleiben Sie dran. Je nach Branche und Produkt kann eine Entscheidung lange dauern, wenn Sie dran sind, sind Sie im Kopf des potentiellen Kunden.

Sehen Sie sich als Geschäftsmann, als Partner für den Kunden, der für Kunden alles macht, außer sich einschüchtern zu lassen, also auf Augenhöhe agiert. Empfinden Sie andere als Individuum, gehen Sie positiv und nicht wertend mit ihnen um und sehen Sie jeden potentiellen Kunden als Chance? Empfinden Sie Ihren Job super, als unbegrenzte Möglichkeit, mit großer Vielfalt, vielen Herausforderungen, anspruchsvoll und aus dem Wirtschaftssystem nicht wegzudenken? Ja, dann passt Ihre Einstellung! Sie werden es richtig angehen. Nur leider gibt es hier bei vielen schon ein großes Defizit. Jetzt mal Klartext. Hören Sie mal in sich rein. Lieben Sie es, mehr zu wollen, einen Anzug zu tragen und mit dem Kunden hart zu verhandeln oder haben Sie das Gefühl, sich verbiegen zu müssen und vom Kunden vorgeführt zu werden? Wie gehen Sie mit Ablehnung um?

Ihre innere Einstellung, Ihr Denken ist der Ausgangspunkt für alles weitere. Ok? Überprüfen Sie diese Einstellung, wenn nötig verbessern Sie Ihre Einstellung oder suchen Sie sich einen neuen Job.

Um sympathisch und überzeugend zu sein, muss die Einstellung stimmen, sonst agieren Sie als ob Sie in einem fremden Körper stecken. Das ist dann logisch nicht authentisch! Ok? Ohne dass ich in diesem Buch darauf eingehen möchte, ist das Handwerkzeug wie Rhetorik und Management auch notwendig. Was hilft schon das richtige Denken, wenn Sie es nicht rüberbringen bzw. ausdrücken können. Denken wir hier an den Satz von Paul Watzlawick*, der sinngemäß sagte: „Wahr ist nicht was A sagt, sondern wahr ist was B versteht." Nicht die Absicht einer Botschaft ist wichtig, sondern die Wirkung dieser. Also muss Ihre Rhetorik die Bedürfnisse und Wünsche des Kunden treffen und nicht Ihre Meinung widerspiegeln. Passe Deine Stimme an, die Geschwindigkeit, sei unmissverständlich und nutze die Wortwahl des Kunden. Das macht sympathisch, wenn der Kunde sich verstanden fühlt und seine Denkweise wiedererkennt.

So, jetzt packen Sie noch Ihre individuelle Art zu wirken und was Sie so einzigartig und besonders macht dazu. Dann sind Sie ein authentischer Profi-Verkäufer. Damit ist das wie im Kapitel 3 ausgeführte professionell authentische Verhalten gemeint. Kein Schauspiel veranstalten, keine Inszenierung. Die innere Einstellung muss stimmen, meine Kenntnisse und Fähigkeiten müssen geschult sein, damit sich meine Rhetorik und mein Handel auf meine Gegenüber einstellen. Einfach gesagt: „Ich rede und handle wie es der Kunde braucht. Jedoch nicht schwammig oder schleimig, sondern mit Klarheit und Regeln. Glaubwürdig und Sympathisch ist man nur, wenn man nicht immer „Ja" und „Ahmen" sagt.

Nur etwas oder einzeln geht nicht und wird nicht sympathisch. Mir hat man immer das abgenommen, was ich rübergebracht habe. Ich habe immer an mir und meiner Einstellung gearbeitet. Als ich ganz am Anfang meiner Verkäuferlaufbahn sehr schwer mit Ablehnung umgehen konnte und fast Depressionen bekam, habe ich angefangen mich selbst zu therapieren. Ich las Bücher über positives Denken und die innere Haltung. Es war der Anfang von einer Leidenschaft, die eigene Leistung und die eigenen Fähigkeiten ständig zu verbessern. Wer den Weg gefunden hat, Leidenschaft und Begeisterung zu leben und die unbegrenzten Möglichkeiten durch Entwicklung auszuschöpfen, der wird viel erreichen können. Das sind aus meiner Sicht 10 % Gene und 90 % Willen!

Auf den Punkt:

- Selbstbild und Fremdbild können Sie weiter annähern
- Ein authentischer Topverkäufer hat die richtige innere Einstellung
- Authentizität ist nicht nur sich so treiben lassen wie man ist, sondern so zu denken, zu wollen und zu handeln im Einklang
- Ein Topverkäufer passt sich an, weil er sich auf den Kunden einlässt und ihn wichtig nimmt
- Ein Topverkäufer ist ein authentischer Verkäufer

2.4 Gefühlsmäßige Übereinstimmung und seine Ausnahme

In den vorherigen Kapiteln habe ich es schon angedeutet. Es gibt zwei Dinge, die zwar auch sympathisch machen können, jedoch nichts mit gefühlsmäßiger Übereinstimmung zu tun haben. Das sind Erscheinung und Benehmen. Hier kommt der sogenannte Idol – Effekt ins Spiel. Es wird aus Scham und falscher Eitelkeit selten angesprochen, aber wir Menschen empfinden für andere Menschen Bewunderung. Na, auch schockiert? Ja, wir bewundern oft Dinge, die uns nicht so gegeben sind, die wir aber gerne hätten. Diese Dinge können aus den Bereichen Bildung, Status, Erscheinung, Stil, materielle Güter und dem Können spezieller Fähigkeiten kommen. Ein Schauspielschüler bewundert einen Schauspielstar. Oder ein Autoliebhaber bewundert die Luxuswagensammlung eines Millionärs. Ein Immobilienmakler bewundert den Erfolg eines reichen Immobilienmaklers, der sich nur noch mit Luxusvillen beschäftigt. So lange es ehrliche Bewunderung ist und kein Neid, ist das völlig in Ordnung und menschlich. Viele Menschen schöpfen daraus sogar ihren Motivationsanschub. Schließlich ist es sehr wertvoll, wenn wir uns an Menschen orientieren, die das, was wir gerne sehr gut tun möchten, schon sehr gut können. Nur wenn man selbstherrlich und arrogant ist, orientiert man sich dort, wo man überlegen ist, denn das ist einfacher und man kann den Anderen so richtig zeigen, wo es langgeht.

Sie können sich schon vorstellen wohin die Denke geht. Zusammen mit dem Markenbewusstsein ist der Idol – Effekt eine komplett abgerundete Sache. Dann kann ich mit Stil, gutem Aussehen und Benehmen auch Sympathiepunkte sammeln, weil hier der Idol - Effekt ins Spiel kommt. Wenn sich ein Kunde nicht benehmen kann, müssen Sie es nicht auch tun. Wenn ein Kunde keinen Stil hat, müssen Sie nicht auch stillos sein. Wenn ein Kunde schlecht und unpassend gekleidet ist bzw. wenn er Arbeitskleidung trägt, dann müssen Sie das nicht auch. Außerdem ist Ihre Arbeitskleidung nun mal die gute wertige Kleidung. Natürlich immer dosiert und auf die Branche abgestimmt. Aber immer gepflegt und stilvoll.

Auf den Punkt:

- Der sogenannte Idol - Effekt ist ein Punkt im Bereich Sympathie und beschreibt die Bewunderung anderer Menschen für ihr Können, Aussehen, Verhalten, Erfolg usw.

- Kunden kaufen bei Siegern, bei Idolen, bei Menschen mit Erfolg. Deshalb gibt es in Aussehen und Benehmen nicht immer eine gefühlsmäßige Übereinstimmung.

2.5 Vertrauen muss erarbeitet werden

Unser Team ist immer gemeinsam unterwegs, wenn Steven, unser Teamtrainer, Extremsportler und Impulsredner im Team, früher neue Touren im Gebirge getestet hat. Alles was er mit unseren Kunden gemacht hat, haben wir im eigenen Team getestet. Darunter auch Rock-Running. Kannte ich vorher nicht. Vorweg kann ich sagen, es ist ein riesiges Gefühl! Sich zu überwinden und mit dem Verstand die normalen, natürlichen Mechanismen des Körpers zu überwinden, ist ein unvergessliches Erlebnis. An einem Seil, welches an einem Baum o.ä. und dem Klettergurt am Körper befestigt ist, lässt man sich selbst über eine Felsenklippe kippen, um dann an der Felswand – Gesicht Richtung Boden – an der senkrechten Felswand nach unten zu laufen. Wow - wie geil ist das denn. Also im Prinzip wie abseilen, nur das die Blickrichtung in den Abgrund ist. Im Normalfall ist man zusätzlich abgesichert. Kann ich nur empfehlen. Für mich ungewöhnlich war, dass meine Frau und ich nicht gezögert haben, es zu tun. Warum? Kein überlegen, ob oder ob nicht, keine skeptischen Gedanken über das Seil oder den Coach, keine Gedanken über was wäre wenn – das Seil reißt oder der Coach einen Fehler gemacht hat. Was glauben Sie warum? Was wäre, wenn der Coach irgendjemand Fremdes gewesen wäre? Alles wäre anders. Ich hätte Zweifel, würde mir genau alles ansehen, den Anbieter genau prüfen, den Coach fragen, wie oft er sowas schon gemacht hat und dennoch würden kleine Risikogedanken bleiben. Nicht nur die normale Abwehrangst des Körpers vor dem Unnatürlichen. Warum?

Es ist eine reine Frage des Vertrauens. Wie sehr kann ich der Person vertrauen. Ist diese glaubwürdig, welche Erfahrungen habe ich schon mit ihr gemacht? Wie lange kenne ich den Coach und das Unternehmen? In welcher Beziehung stehe ich zu ihm? Auf einer Skala von 1 (kein Vertrauen) bis 10 (100% Vertrauen) sind alle Punkte möglich. In meinem Fall die 10. Bei einem völlig unbekannten Anbieter und Coach vielleicht die 2. Verständlich also, dass man leichter etwas kauft, wenn man ein gewisses bis hohes Maß an Vertrauen zum Verkäufer und dessen Unternehmen hat.

Vertrauen und Glaubwürdigkeit sind nicht gegeben, wenn ich dem Kunden zum Munde rede, zu allem „Ja" sage und alles das Größte, Beste und Schönste ist. Ich habe 10 Jahre bei der Würth Gruppe gearbeitet. Ein Großsortimenter, mein Katalog war riesig. Allerdings gab es auch immer mal einen Artikel, wo ich einen anderen bevorzugt habe. Das habe ich meinen Stammkunden gesagt. Natürlich als Ausnahme! Der Mut die eigene Meinung diplomatisch zu vertreten macht auch Glaubwürdig und bringt Vertrauen.

Vertrauen gewinnen wir Menschen durch Erfahrung, die Glaubwürdigkeit der Person oder Institution, die Beziehung zu ihr und die Vorinformationen, die wir über diese Person oder deren Unternehmung bekommen haben. (Sie geben mir bestimmt eine positive Rezension für dieses Buch). Daraus folgt: Achten Sie stets auf Ihren guten Ruf, auf eine ehrliche und faire Geschäftsabwicklung. Sein Sie sich immer darüber bewusst, dass sich etwas Negatives immer schneller rumspricht als etwas Positives. Das Beste ist, wenn Sie gute Empfehlungen haben, Sie als aufrichtig, professionell und sympathisch bekannt sind. Nichts kann Empfehlungsmarketing ersetzen. Sind Sie eine „gute Adresse"? Zusätzlich ist doch klar, wenn Ihr Kunde das Gefühl bekommt, dass Ihr Wesen und Ihre Denke ähnlich ist wie seine, wird er Vertrauen aufbauen können. Wenn jemand meine Gefühle und Bedürfnisse trifft, ehrlich an mir interessiert ist und meinen Nutzen im Auge hat, ist er mir sympathisch.

Mehr Sympathie = mehr Vertrauen!

Auch ein Grund warum ich jedem aufrichtigen Verkäufer empfehle, nur bei guten Unternehmen mit guten ehrlichen Produkten anzuheuern oder diese zu vertreten. Das Gleiche gilt natürlich auch für Dienstleistungen. Ein Staubsauger, der mehr Lärm macht als er

Staub aufsaugt, ein Personal – Coach, der raucht und einen Bierbauch hat, sind es nicht würdig, verkauft zu werden. Egal wie ehrlich Sie sind, mit solchen Produkten werden Sie keinen vertrauenswürdigen Ruf aufbauen können. Keine Angst, die „Billigheimer" unter den Kunden pfeifen auch auf Vertrauen. In dieser Liga sollten Sie nicht spielen. Es gibt genug Müll auf den Märkten. Arbeiten Sie mit den wahren Werten von Produkten und Leistungen. Denn Preisintensiv muss nicht unbedingt das Beste sein, aber Billig ist immer schlecht! Da Sie hier lesen, wollen Sie zur Elite gehören und das ist auch gut so.

Top Verkäufer für Top Produkte für bewusste Kunden!

Wenn Produkte und Leistungen einen wirklichen Nutzen für die Kunden vorweisen können, dann sind Sie jetzt gefragt. Dann ist es auch legitim, dass Sie damit andere Anbieter in die Flucht schlagen. Also Vollgas sonst ist ein anderer schneller! Erste Voraussetzung im persönlichen Verkauf um von Anfang an dieses Vertrauen zu fördern, ist die Kongruenz zwischen verbaler und nonverbaler Kommunikation. Also zwischen Rhetorik und Körpersprache. Schauspielern Sie oder sind Sie nicht ehrlich, dann werden Sie sich durch Körpersprache früher oder später verraten. Dann ist das nicht mehr stimmig, dann ist das nicht mehr kongruent. Kommunizieren Sie mit Überzeugung und aus Ihrer ehrlichen inneren Einstellung, dann gibt es Übereinstimmung von Körperhaltung, Mimik, Gestik und Sprache. Vorausgesetzt die Fähigkeiten, sich

Abnehmerbezogen auszudrücken, sind vorhanden. Diese Kongruenz ist eine Voraussetzung für Glaubwürdigkeit und Vertrauen.

Mit fleißiger ehrlicher Arbeit und Sympathie werden Sie für den Moment und auf lange Zeit Vertrauen erzeugen. Vertrauen braucht Sympathie. Ok?

Was passiert zuerst beim Kaufprozess? Wobei die Punkte 1 und 2 den ganzen Prozess beeinflussen.

Erster Eindruck	(gut/schlecht)
Sympathie	(ja/nein)
Wunsch (Bedarf)	(aktivieren/nicht aktivieren)
Verhandlung, Kauf	(ja/nein)
Letzter Eindruck	(gut/schlecht)

Auf den Punkt:
- Sind sie sympathisch und haben einen „guten Namen", erhalten sie Vertrauen
- Je mehr Sympathie, umso mehr Vertrauen
- Bewusste Kunden brauchen Top-Produkte und Top-Verkäufer

- Sie brauchen Kongruenz zwischen Ihrer verbalen und nonverbalen Kommunikation

2.6 Typen-gerechte Sympathie

Wissen Sie, jeder Mensch, der ein wenig soziale Kompetenz besitzt, kann verkaufen. Soziale Kompetenz ist die Fähigkeit, zwischenmenschlich zu kommunizieren und im richtigen Maß Anpassung und Durchsetzung einzusetzen. Die Frage ist aber – Wie? Wenn Sie ein Gebiet mit potentiellen Kunden haben, losfahren oder anrufen und Ihre Produkte irgendwie anbieten, werden Sie immer auch etwas verkaufen. Auch ich habe am Anfang bis zu meiner Ausbildung als Verkäufer im Außendienst bei Mercuri International Deutschland rein intuitiv verkauft. Weil es mir Spaß gemacht hat und ich davon leben musste. Das Ganze sogar ganz gut. Das wird mir immer wieder als Einwand in den Seminaren und Coachings geboten. „Mein Gebiet habe ich im Griff, seit 6 Jahren verkaufte ich hier gut und die Nichtkunden, naja können ja nicht alle alles bei mir kaufen". Wirklich? Was ist das denn für eine extreme komfortzonenhafte und verkäuferunwürdige Aussage? Wer nicht mehr will, wer sein Potential nicht ausschöpfen will, wird nie Spitzenverkäufer. Entweder geht es nur so gerade, weil der Konsum und Bedarf in Deutschland enorm groß ist oder er schädigt das Unternehmen für das er arbeitet.

Wie kommt es nun, dass man fleißig ist und sich große Mühe gibt, aber nicht über den unteren Durchschnitt hinaus kommt? Weil ein Teil der besuchten Kunden mich sympathisch finden und dadurch mehr oder weniger bei mir kaufen, mit mir in Kontakt kommen. Der größere Teil der Kunden aber eben nicht. Das passiert, wenn ich mich immer gleich und so verhalte wie ich bin, ohne mich auf den Kunden einzustellen. Dass wir so sind wie wir sind, hat die im Buch schon beschriebenen Gründe. Klar angesprochen habe ich auch, dass einige Kunden nur schwer damit klarkommen können. Die eigenen Stärken, Eigenschaften und die damit verbundenen Auswirkungen zu kennen, ist ein unbedingtes Muss für jeden Profiverkäufer. Ein perfektionistischer Mensch wird einen ausreichend ordentlichen Menschen für oberflächlich halten. Also kann man sich hier, wenn man das weiß, zurücknehmen. So kann man seine Stärken bewusst einsetzen und die Gefahren bei zu starker Ausprägung minimieren, damit diese nicht zu Schwächen werden. Sind Sie sehr gesprächig und können eine Gruppe Menschen sofort in Ihre Gespräche einbeziehen? Dann werden Sie es leicht haben die Aufmerksamkeit auf sich zu lenken. Als Verkäufer besteht hier die Gefahr zu wenig über den Kunden zu erfahren, Ziele zu verfehlen und wenn es nicht von demjenigen erkannt und bekämpft wird, dann wird es eine Schwäche! Ich habe mal einen Verkäufer gecoacht und schnell festgestellt, dass er sehr ruhig und zurückhaltend war und wenig gesprochen hat. Sehr wenig. Für jeden dynamischen Menschen das Abbild einer „menschlichen Schlaftablette". Hinzu kam ein vorangegangener Bandscheibenvorfall, nachdem er sich auch noch so bewegte wie er sprach. In Zeitlupe. Sie können sich sicher vorstellen, bei wem er nicht so gut ankam. Aber bei einem Kundenbesuch traf er auf seinen „Typenkollegen". Wir saßen am Tisch und es fielen 80% weniger Worte als normal bzw. bei anderen Verkaufsgesprächen. Ich war so verdutzt, dass ich glaubte, am Ende vielleicht 50 Worte gehört zu haben. Der Auftrag war am Ende in der Tasche, die beiden waren sich sehr sympathisch. Für mich war es unvorstellbar, da ich mit so wenigen Worten, Ruhe und Emotionslosigkeit noch nie vorher ein Verkaufsgespräch erlebt habe. Eine super neue Erfahrung. Leider konnte sich dieser Verkäufer zu wenig auf andere Menschentypen einstellen und war damit nicht besonders erfolgreich. Obwohl er in seiner Region und bei seinen Kunden einige dieser „Typenkollegen" hatte und damit wieder eine vertretbare Umsatzgröße. Potentialausschöpfung ist jedoch anders.

Sicher ist, dass man die eigene Persönlichkeitsstruktur kennen sollte. Einfach um zu wissen wo hier meine Stärken und Gefahren liegen. Jede Stärke hat auch, wenn sie überzogen ausgeprägt ist und gelebt wird, eine Gefahr. Nehmen wir die Ordnungsliebenden – sicher eine positive Eigenschaft. Zuviel davon ist dann allerdings pedantisch, perfektionistisch und pingelig. Das hilft dann niemandem, sondern schadet meiner erfolgreichen Entwicklung. Weitere Ausführungen zu Persönlichkeitstypen folgen auf den kommenden Seiten.

Einige Stärken und Gefahren von Eigenschaften bei
Persönlichkeitstypen:*

Stärke	Gefahr
Erfolgsorientiert	Überfordern von Anderen
Dominanz, Bestimmtheit	Mangelndes Einfühlungsvermögen
Willensstärke	Autoritär
Direkt, offen, geradezu	Zu viel selbst reden, nicht zuhören
Schnell begeistert	Ziellosigkeit, Verzetteln
Spontan	Zu impulsiv, unbeständig
Im Mittelpunkt stehen	Geringe Anpassungsfähigkeit
Intuitiv, schnelle Entscheidung	Zu subjektiv bei Einschätzung
Beziehungsorientiert	Zu viel Tatendrang, Energieverlust
Treu, loyal, beständig	Mangelnde Durchsetzung, Zielstreb.
Hohe Teamfähigkeit	Opfert eigene Ziele für Harmonie
Bescheidenheit	Zu nachsichtig und tolerant
Geduld	Zeit für persönliches auf Kosten der Aufgaben
Kompromissbereit, Toleranz	Mangelnde Entscheidung und Rationalität
Hohe Maßstäbe	Geringe Delegationsbereitschaft
Vorsicht	Uneffektives Arbeiten
Detailorientiert	Perfektionismus
Präzise, genau, logisch	Wenig Improvisation + Spontanität
Überlegt, begründet, objektiv	Mangelnde Entscheidung oder zu lange
Hohes Abstraktionsvermögen	Vernachlässigen von Gefühlen

Das ist die eine Seite der Medaille oder besser der Persönlichkeitstypen. Auch beim Kunden überwiegt ein bestimmter Persönlichkeitstyp. Hier ist die Aufgabe eines Top-Verkäufers, sich auf jeden verschiedenen Persönlichkeitstypen einzustellen. Jeder Typ hat andere Sichtweisen und Motive, die bei ihm überwiegen. Der eine mag mehr Status der andere mehr Sicherheit. Eine besondere Herausforderung wird das für die Verkäufer, wenn wir bedenken, dass nicht nur ein Persönlichkeitstyp in uns „lebt", sondern alle. Es sind immer mehrere Typen, die in uns verborgen sind, nur einer davon ist am stärksten ausgeprägt. Manchmal ist es ganz eindeutig und der überwiegende Teil stark ausgeprägt. Manchmal liegen alle Eigenschaften der Persönlichkeitstypen dicht beieinander. Ich muss also auch meine Kunden gut einschätzen können, um genau auf ihre typenbedingten Vorlieben, Bedürfnisse, Wünsche usw. eingehen zu können. Ein Verkäufer im B2C Geschäft, den ich gecoacht habe, hat das mal sehr gut genutzt. Bei einem Termin für ein Verkaufsgespräch bei der Kundin zu Hause, wollte uns die Kundin nicht reinlassen. Nein, sie hatte nicht einfach den Termin platzen lassen, sie war da. Die Kundin drin, dazwischen die Wohnungstür und draußen davor wir. Sie hat uns gesagt, dass sie uns nicht reinlassen kann, weil sie Angst hat, dass wir sie zum Kauf überreden. Der Verkäufer hat sich nicht aus der Ruhe bringen lassen, ist komplett mit ehrlichem Verständnis auf die Kundin eingegangen. Auch wenn es sich total verrückt anhört, er hat so lange beruhigend und verbindlich durch die Tür auf die Kundin eingeredet, dass die Kundin Vertrauen entwickelt hat, ihre Angst überwinden konnte und uns die Tür geöffnet hat. Nachdem der Verkäufer der Kundin, nach Ihren passenden Eigenschaften (Ängstlichkeit, Sicherheitsbedürfnis, wenig Vertrauen in die eigene

Standhaftigkeit), in aller Ruhe den persönlichen Nutzen aufgezeigt, eine Betreuung nach dem Kauf angeboten und sie niemals gedrängt hat, hatte er den Abschluss in der Tasche. Dort verkauft er heute noch und hat viele Empfehlungen von dieser einen Kundin erhalten. Super Job gemacht!

Sympathie – Vertrauen – die entscheidende Nutzenargumentation erreichen Sie, wenn Sie den jeweiligen Persönlichkeitstyp berücksichtigen, beachten und bedienen. Dazu müssen Sie diese kennen und die nonverbalen und verbalen Zeichen und Merkmale erkennen. Auch vieles aus dem Umfeld des Kunden kann Ihnen dazu nützlich sein. Wie sieht die Firma aus, das Büro, die Einrichtung, das Auto, Schmuck, die Kleidung usw.

Für uns ist es jetzt an der Zeit den Kunden genauer anzusehen, zu „lesen", zu erkennen. Es gibt Gruppen von Menschen, die auf ähnliche Motive, Reize, Vorlieben reagieren und ähnliche Einstellungen zu verschiedenen Dingen haben. Dazu wurden seit 495 v. Chr. von Empedokles, Hippokrates und Aristoteles bis heute verschiedene Modelle entwickelt und weiterentwickelt. Das derzeit weit verbreitete Modell ist das DISG Modell. In deutscher Ausführung nach Lothar Seiwert und Friedbert Gay „ Das 1x1 der Persönlichkeit" mvg Verlag 2002. In Anlehnung an dieses Modell arbeite ich auch. Es beschreibt die vier Persönlichkeitstypen: Dominanter, Initiativer, Stetiger und Gewissenhafter. Mich interessiert hier die Herangehensweise zur Herstellung von Sympathie des jeweiligen Typen.

Das Ausrichten nach den Motiven und Eigenschaften des Kunden hört sich nach Schauspiel an. Ist es aber nicht. Es ist professionell!

Denn Sie wollen allen etwas verkaufen! Ja, Sie müssen Kenntnisse einsetzen, um auf den Kunden einzugehen, seine Motive zu bedienen. Ist das noch authentisch, fühle ich mich wohl? Ja, denn Sie sollen nicht mit einem anderen Menschen spielen sondern zuhören, einfühlen, Können und Fertigkeiten einsetzen, um zu verkaufen und beiden Seiten einen Nutzen zu bringen. Sie sind dann authentisch als Verkäufer!

Wie kann ich auf verschiedene Motive reagieren um sympathisch zu sein oder zu werden und damit meinen Prozentsatz gewonnener Kunden und den Umsatz extrem zu erhöhen?

4 Persönlichkeitstypen* (nach DISG) und wie Sie Ihnen gegenüber sympathisch werden können:

1. Sympathie bei Dominanten durch Status

Bei Menschen, die den Status und dessen Symbole, Marken, Dominanz, Leistung und Geschwindigkeit lieben. Hier erreichen Sie Sympathie, wenn Sie sehr professionell wirken, eine hochwertige Ausstrahlung haben, gute Kleidung tragen und auf Augenhöhe agieren. Überzeugen Sie durch Leistung und nutzen Sie auch Termine nach 18.00 Uhr. Stellen Sie in der Argumentation den Statusgewinn in den Vordergrund. Mit Neuheiten können Sie hier immer punkten. Solche Menschen erkennen Sie an einem besonderen Aussehen, Markenkleidung (Marke geht vor Mode), schnellem weiträumigen Gang, Statussymbolen, direkte und fordernde Rhetorik, diese Menschen „treten nicht an, sie lassen antreten."

Der Dominante, der Macher

2. Sympathie bei Initiativen durch Lockerheit

Bei Menschen, die immer in Bewegung sind, mit dem Bauch entscheiden und ihr Dasein als Show auf einer Bühne sehen, können Sie locker, leicht, mit Smalltalk oder einem Witz auf den Lippen agieren. Diese Menschen sind gesellig und lieben den Kontakt mit anderen Menschen. Große Emotionen sind hier besonders wichtig. Unterbrechen Sie nicht seine langen Geschichten und achten Sie darauf, dass Ihr Gespräch nicht ständig vom Thema abkommt. „Interessant was Sie sagen, ich möchte nochmal auf den Punkt... zurückkommen." Aktionen und Angebote können Sie hier zelebrieren und seine Bauchentscheidungen nutzen. Vorsicht er schwankt nicht nur in seinen Gefühlen, sondern auch mit seinen Entscheidungen. Machen Sie den „Sack" zu und verkaufen Sie, sonst macht er das woanders. Solche Menschen erkennen Sie am tänzelnden Gang, großen Gesten, viel Gerede, modischer Kleidung (Mode vor Marke und Accessoires), Launen (meist gut, aber schwankend) und Oberflächlichkeit.

Der Initiative, der „Bauchmensch"

3. Sympathie bei Stetigen durch Sicherheit

Bei Menschen, die nicht auffallen, fast ängstlich sind, leise und zurückhaltend, können Sie zwei Gänge zurückschalten. Hier ist Vorsicht geboten, denn Sie dürfen diese Menschen nicht mit Ihrer Dynamik überfallen. Ruhe müssen Sie bewahren und allen Druck vermeiden. Zurückhaltendes und konservatives Verhalten hat hier Vorrang. Nutzen Sie Partnerangebote, Zertifikate, Referenzen, Beständigkeit und Erfahrungen. Bieten Sie Sicherheit und Herzlichkeit. Neuheiten sind hier kontraproduktiv und müssen erst von Anderen getestet werden. Lange Garantien und eine Betreuung auch nach dem Kauf kommen besonders gut an. Solche Menschen erkennen Sie daran, dass Sie sie nicht erkennen. Das heißt, sie sind zurückhaltend, manchmal ängstlich, reden wenig und möchten auf keinen Fall auffallen. Diese Menschen tragen meist konservative praktische Kleidung, auch im Umfeld ist alles schlicht gehalten. Gerne warten sie ab und kommen erst ins „Bild", wenn alles sicher ist und die ersten Blicke der Anderen vorbei.

Der Stetige, der Sicherheitsmensch

4. Sympathie bei Gewissenhaften durch Fakten

Bei Menschen, die wenig emotional, aber sehr rational denken und handeln, können Sie sympathisch sein, wenn Sie sich darauf einlassen und auch nur sachlich herangehen. Präsentieren Sie pedantisch genau alle Zahlen und Fakten. Machen Sie keine Fehler beim Rechnen und vergessen Sie nicht die Stellen hinter dem Komma. Ohne Druck oder Geplänkel rechnen Sie die Einsparung von Zeit und Geld vor. Keinen Druck erzeugen, dieser Mensch muss erst alles selbst prüfen. Hier gilt auch die generelle Devise: Ordnung in den Unterlagen. Auch Zertifikate, Erhebungen und Analysen können helfen. Diese Menschen erkennen Sie an einem exakten Aussehen mit Bügelfalte und Zurückhaltung im Wesen, einem penibel ordentlichen und sauberen Umfeld. Alles ist oder liegt auf Kante. Sie wirken kalt und emotionslos. Ihre Körpersprache ist auf ein Minimum reduziert und die Sprache exakt, sachlich und mit einem belehrenden Unterton.

Der oder die Gewissenhafte, ein Zahlen und Fakten Mensch

Wir haben schon festgestellt, dass Sympathie gefühlsmäßige Übereinstimmung ist. Daraus folgt, Sie müssen sich auf die Persönlichkeitstypen einlassen, um ähnlich zu „ticken" und wenn Sie nicht genau erkennen welcher Typ vor Ihnen steht, müssen Sie von allem ein wenig nutzen, um im Laufe der Zeit die Ausrichtung zu erkennen. Ein entscheidender Punkt, um Sympathie herzustellen und damit mehr zu verkaufen. Ok? Gießkanne war gestern. Drauflosreden und dabei hoffen, dass irgendetwas die Vorlieben trifft, ist nur noch für den außergewöhnlichen Notfall zu gebrauchen. Sie können schon alleine am ersten Eindruck, den ein Unternehmen in der Außendarstellung abgibt und natürlich beim Kunden selber, eine Vorauswahl treffen, wie Sie mit dem Kunden umgehen, welche Motive er wahrscheinlich hat. Damit natürlich auch welcher Persönlichkeitstyp bei ihm überwiegt. Eine pompöse Empfangshalle, ein Sportwagen der Luxusklasse, edle Markenanzüge, ein schneller straffer Gang und ähnliches lassen sofort auf den ersten beschriebenen Menschentyp schließen. Buntes Treiben, viel Schnickschnack, modische Kleidung mit Accessoires, viele Worte, ein großer Auftritt mit etwas chaotischer Umgebung lassen dahinter einen Menschen aus meiner zweiten Beschreibung vermuten. Besondere Unauffälligkeit, schlichtes Ambiente und Aussehen, ein vorsichtiges zurückhaltendes Auftreten verraten meist den Sicherheitsmenschen. Ein emotionsloses Pokerface, alles ordentlich, schlicht und auf Kante gelegt, lassen einen Perfektionisten wie in meiner Beschreibung Punkt 4 vermuten. Berücksichtigen Sie das, können Sie Ihr Verhalten anpassen und die Argumentation für seine Bedürfnisse aufarbeiten, dann werden Sie sympathisch angenommen und Erfolg haben. Beachten Sie jedoch auch, dass, wie schon angesprochen, die verschiedenen Typen immer in einer Person vorkommen und nur die Ausprägung eines Typs Rückschlüsse zulässt. Sind zwei oder mehr Persönlichkeitstypen fast gleich oder hat ein Mensch sich andere Eigenschaften angenommen, die seinem Typ gar nicht so entsprechen, dann ist die Differenzierung nicht leicht. Voreilige Schlussfolgerungen sind in solcher Situation weniger erfolgversprechend und es ist ratsam hier mehrere Vorlieben und Motive zu bedienen.

Auf den Punkt:

- Menschen sind unterschiedlich und brauchen ein unterschiedliches Verkaufsverhalten
- Verhalten, Stimme, Körpersprache und Argumentation müssen Sie an die unterschiedlichen Persönlichkeitstypen angleichen
- Sie müssen Ihre Stärken und die damit verbundenen Gefahren kennen, Stärken bewusst nutzen und die Gefahren durch Überausprägung beachten, damit diese nicht zu Schwächen werden
- Erst wenn Sie den Persönlichkeitstyp eindeutig erkannt haben, agieren Sie auch nur in diese Richtung

2.7 Deine Persönlichkeit wirkt

Es ist völlig egal wie wir kaufen und über welchen Vertriebskanal. Wir kaufen sehr oft emotional nach unseren Motiven und begründen uns dies dann rational. Für mich klare Zeichen. Zur Kaufentscheidung brauchen Menschen Persönlichkeiten, Vorbilder, Wertigkeit, Attraktivität von Seiten des Verkäufers! Eine Marke bei Produkten, bei Leistungen und beim Verkäufer. Wir wollen, je nach Produkt und Typ mehr oder weniger, ein Kauferlebnis. Keiner will etwas hingeworfen bekommen, jeder will sich als besonderer Kunde fühlen. Natürlich ist das unterschiedlich ausgeprägt. Es gibt auch wenige Menschen, die so extrem bescheiden, unsicher und selbstlos sind, dass es ihnen schwerfällt, einen anderen Menschen wegen eigener Wünsche zu belästigen. Unsichere Menschen sind noch öfter anzutreffen. Sie trauen sich nicht in einen Laden, weil dieser leer ist und sie nicht angesprochen werden wollen oder nicht „nein danke" sagen können. Aber auch diese Menschen kaufen, vielleicht überwiegend dort, wo sie ohne direkten Kontakt sind. Doch auch hier, nehmen wir den Internethandel, hängt es davon ab, wie persönlich diese Seite anspricht und wie einfach alles zu handhaben ist.

Klar also, dass wir das Besondere für den Kunden darstellen müssen. Stellen Sie sich vor, Sie sparen lange auf ein Auto. Endlich ist das Geld zusammen und jetzt rufen Sie einen beliebigen Händler an, um ihm zu sagen: „Bring mal bei Gelegenheit den Wagen zu mir". Wohl kaum. Sie machen einen Termin bei dem Händler, den Sie in die engere Auswahl gezogen haben und der Sie am individuellsten und hartnäckigsten umworben hat, der Ihnen sehr sympathisch geworden ist. Dann ziehen Sie sich etwas Schönes an, nehmen vielleicht die Familie mit und lassen sich beim Händler verwöhnen, um dann Ihr Geld da zu lassen und den Wagen mitzunehmen. Danach noch schön Essen gehen, abends eine Flasche Sekt mit dem Partner und immer mal wieder um den Wagen schleichen.

Dazu kommt, fast jeder möchte das Hochwertige, das Edelste, die Marke, den Erfolgreichen! Wenn Sie es schaffen, das auf die verschiedenen Menschentypen mit Ihren speziellen Ausprägungen zu verkörpern, damit diese Menschen es aufnehmen und anerkennen können, dann haben Sie große Erfolgschancen. Erfolgreich wirken, kann ich mit vielen unterschiedlichen Eigenschaften ausdrücken. Mit Ruhe und Zurückhaltung. Mit Dominanz und Zielstrebigkeit. Mit Lockerheit. Mit Klarheit und Exaktheit. Das erreiche ich mit Körpersprache, Erscheinung und Rhetorik. Wichtig ist, dass man mich als kompetente Marke sieht und wenn der Gegenüber jetzt Sympathie empfindet, dann wird alles gut.

Menschen kaufen die Befriedigung Ihrer Bedürfnisse, nicht das vermutet Schlechtere. Und das nehmen wir Menschen nun mal im ersten und zweiten Eindruck durch Äußerlichkeiten war. Es gibt nur sehr wenige Menschen, die dieses Gesetz ausschalten können, die Meisten tun nur so als ob. Ja, die inneren Werte sind wichtig, sehr wichtig, aber die Äußeren sind zu allererst wichtig.

Im ersten und zweiten Eindruck sogar nur. Wer sich im Verkauf davor verschließt, hat verloren und den falschen Beruf. Testen Sie es! Sie dürfen sich einen Anzug oder ein Kostüm auswählen. Zwei

Stück hängen da. Gleiche Farbe, gleiche hohe Qualität, gleiches Material, gleicher Schnitt, gleiche Größe passend, gleicher Preis. Einziger Unterschied: In dem einen steht das Markenschild Armani und in dem anderen nichts. Wer jetzt nicht sagt: „Ich nehme den von Armani", lügt sich selbst in die Tasche oder sollte keinen Vertriebsjob haben. Unser Markenbewusstsein will es so. Wir orientieren uns an dem Hochwertigen und das verspricht uns die Marke, außerdem sieht es besser aus, wenn mal jemand innen rein sieht.

Um Ihnen darzulegen, wie komplex alles ist und ich nicht den Eindruck hinterlassen möchte, nur mit Sympathie erreichen Sie alles, möchte ich in diesem Kapitel auf die, aus meiner Sicht, wichtigsten Eigenschaften einer überzeugenden Persönlichkeit eingehen. Eine überzeugende Persönlichkeit mache ich an folgenden Eigenschaften fest: Erscheinung, Optimismus, Selbstwertgefühl, Glaubwürdigkeit, Einfühlungsvermögen, Kontaktfähigkeit und Eloquenz.

Immer aus Sicht des Verkaufskontextes, obwohl ich fest überzeugt bin, dass Sie mit den Fähigkeiten und Fertigkeiten eines erfolgreichen Top Verkäufers in so ziemlich jeder Lebenslage punkten. Deshalb möchte ich an dieser Stelle auch erwähnen, dass wir ein besseres Miteinander hätten, wenn in der Schule die Grundlagen der zwischenmenschlichen Kommunikation gelehrt würden. Aber kommen wir zur ersten Eigenschaft einer überzeugenden Persönlichkeit ohne Wertung durch die Reihenfolge.

- Optimismus

Als optimistisch bezeichnet man, wenn man vom positiven Ausgang und davon überzeugt ist, dass man bevorstehende Aufgaben und Herausforderungen bewältigen kann und wird. Eine Eigenschaft, die so ziemlich jedem erfolgreichen Menschen gegeben ist. Denn auch wenn es mal nicht so eintritt wie gewünscht, dann ist die Herangehensweise energetischer und zielgerichteter. Der Erfolg wird sich öfter einstellen als ohne Optimismus. Zusätzlich lebt und agiert man fröhlicher und die Vorabdenkweise trägt wesentlich zum Erfolg bei. Nach der Gesetzmäßigkeit der sich selbsterfüllenden Prophezeiung werden meine Ziele schneller oder überhaupt erfüllt, wenn ich gedanklich diese klar im Focus bzw. im Kopf habe.

- Einfühlungsvermögen

Darüber werden Sie in diesem Buch noch oft lesen. Eine Eigenschaft der überzeugenden Persönlichkeit, um auf andere Menschen eingehen zu können. Nur damit werden Sie andere Menschen verstehen und auf sie eingehen, sich in Ihre Situation hineinversetzen können. Man braucht dazu Empathie, Wertschätzung für Andere, Aufmerksamkeit und aktives Zuhören. Menschen werden Sie besser annehmen, Ihnen zuhören und sich in Ihrer Nähe wohlfühlen. Eine Person, die nicht nur sich wichtig nimmt, sondern besonders auch den Gegenüber wird als angenehmer empfunden. Wer Sie persönlich annimmt, den werden Sie auch mit Ihren Angeboten erreichen. Es gibt wohl nichts Angenehmeres als das Gefühl, dass ein anderer Mensch sich voll auf mich und meine Aufgaben einlässt und sich interessiert. Wichtig ist – es muss Ihre ehrliche Einstellung sein. Die Aufgaben des Kunden sollten Sie zu weiten Teilen zu Ihren machen. Fragen Sie sich immer:

„Was kann meinem Kunden helfen und was kann ihn erfolgreicher machen?"

- Selbstwertgefühl
Kennen Sie das? Ein Mensch leidet darunter, dass er sich nicht als wertvoll genug einschätzt. Er weiß nicht, was sein Wert in diesem Leben bedeutet. Er hat nicht gelernt seine Erfolge zu sehen und zu feiern. Er empfindet sich als wertloser als andere Menschen und macht sich verantwortlich für fast alles, was nicht funktioniert. „Ich bin aber auch zu blöd dafür!" sind unter anderem Aussagen von solchen Menschen. Diese Menschen werden auffallen durch Ängstlichkeit, übertriebene Zurückhaltung, Unterordnung bis hin zur Unterwürfigkeit. Oder sie werden durch Brutalität und Wandalismus anderweitig Aufmerksamkeit suchen. Sie entwickeln eine „Scheiß egal" Mentalität. Klar, dass solche Menschen nicht als überzeugende Persönlichkeit gelten.
Jeder hat schon mal etwas Gutes getan und Ziele oder Erfolge erreicht. Sie müssen es sich bewusst machen, um davon neue Energie zu erlangen. Jeder hat einen Wert im Leben, schreiben Sie mal alles auf, was Ihnen schon gut oder sehr gut gelungen ist, wo Sie Stärken bei sich festgestellt haben, wo Sie Erfolge hatten und wo Sie einen Nutzen für die Gesellschaft geschaffen haben. Lassen Sie auch keine Kleinigkeiten aus, denn wer selbstbewusst ist, sieht auch die kleinen Dinge. Sehen Sie Ihren großen Wert in diesem Leben und seien Sie sich dessen bewusst. Selbstbewusste Menschen fühlen sich nicht so leicht angegriffen, haben eine innere Stärke wie ein Fels in der Brandung und können dadurch besser auf andere Menschen eingehen und wirken. Nur wer innerlich gefestigt ist und sich seiner

Stärken bewusst ist, hat die Möglichkeit auch überzeugend auf andere Menschen zu wirken.

- Glaubwürdigkeit

Wer Ihnen glaubt, den können Sie besser überzeugen. Es ist die Beweisbarkeit der Dinge von denen Sie sprechen, es ist die Einheit von Wort und Tat, also auch das Vorleben was Glaubwürdigkeit ausmacht. Wer im Geiste ehrlich ist, bei dem gibt es eine Kongruenz von Sprache und Körpersprache. Wenn Sie vollen Einsatz predigen, können Sie nicht von 10.00 – 15.30 Uhr arbeiten. Dann müssen Sie Gas geben und dann sind Sie in diesem Bezug glaubwürdig. Aber auch die Fähigkeit „NEIN" sagen zu können, gehört zur Glaubwürdigkeit. Wer immer zum Munde redet und keine eigene Meinung hat, ist nicht glaubwürdig. Haben Sie den Mut in der richtigen Situation Ihren Standpunkt und vor allem Ihre Regeln zu vertreten und durchzusetzen. Wer immer Ja sagt, schleimt und über sich bestimmen lässt, verliert das Interesse der Anderen und seine Glaubwürdigkeit oder wird ausgenutzt.

- Kontaktfreudigkeit

Wer den Kontakt zu anderen Menschen sucht und nicht meidet, wird besser wahrgenommen, wird als selbstbewusst wahrgenommen und wird so Einfluss nehmen können. Das heißt nicht, dass Sie sich anbiedern sollen und Anderen auf den Keks gehen, aber eine gesunde ausgeglichene Freude am Kontakt zu anderen Menschen ist wichtig. So können Sie sich Ihre Position erarbeiten und andere Menschen für sich gewinnen. Zeigen Sie sich zugewandt, mit möglichst offener Haltung, suchen Sie den Blickkontakt und scheuen Sie keine Gespräche.

- Erscheinung

Es gibt wohl keine Eigenschaft einer überzeugenden Persönlichkeit, auf die ich in diesem Buch mehr eingehe als auf Erscheinung. Also sei hier nur so viel gesagt, Ihre Erscheinung trägt Ihr Inneres nach außen. Das ist so wesentlich, um als überzeugende Persönlichkeit gesehen zu werden. Besonders im Kapitel zum ersten Eindruck gehe ich darauf ein. Wer Erfolg denkt und dazu handelt, wird sein Äußeres darauf abstimmen und sich pflegen und stilvoll kleiden. Wer glücklich ist, optimistisch und Werte richtig einzuschätzen weiß, der wird nicht rumlaufen wie eine Vogelscheuche. Dazu zähle ich auch das persönliche Equipment, wie Arbeitsmittel usw. Und so ein Mensch weiß auch, dass Erscheinung nicht alles ist, aber sehr viel!

- Eloquenz

Die siebente der von mir genannten Eigenschaften einer überzeugenden Persönlichkeit, ist Eloquenz. Also die Fähigkeit, sich in verschiedenen Situationen sprachlich richtig ausdrücken zu können. Zu reden, wenn es die Situation erfordert, zu schweigen, wenn es sein muss und Inhalte passend zu wählen. Dazu ist natürlich eine gewisse Allgemeinbildung notwendig und die Fähigkeit Smalltalk zu führen. Wortgewandtheit, eine gewisse Schlagfertigkeit und eine einfache verständliche Ausdrucksweise machen alles wirksamer.

Gut reden muss man können, um zu überzeugen. Ich habe schon viele Menschen erlebt, die entweder ungerne sprechen oder nur über Ihre speziellen Themen. Hier fehlt eindeutig das Interesse an anderen Dingen und anderen Menschen.

Leider wird in Deutschland ein Mensch, der sehr selbstbewusst ist und auch den Erfolg in materieller Hinsicht anstrebt als Angeber bezeichnet. Manchmal hat man den Eindruck man müsste seine „Errungenschaften" verstecken, damit man noch gegrüßt wird. Merkwürdig, in anderen Ländern, wie zum Beispiel in den USA oder Japan, werden diese Menschen bewundert. Dort sind Superlative und Statussymbole ein Darstellen des Erfolgs. Erfolgreiche Menschen werden hier gefeiert und geehrt, weil jeder den Aufwand anerkennt. Wichtig ist natürlich immer, dass alles Streben auf moralischer, ethischer und legaler Grundlage basiert. Den Ausdruck von Erfolg muss man nicht nur auf materielle Dinge beschränken, sondern es können auch große Spenden sein. Und ich möchte an dieser Stelle nochmal deutlich machen, dass es natürlich auch legitim ist, wenn man sich für einen anderen Weg entscheidet. Jeder hat das Recht und die Freiheit zu wählen. Niemand soll denken, ich würde es ablehnen, wenn ein Mensch täglich 3 Std. mehr Freizeit möchte und dafür auf andere Dinge verzichtet und glücklich ist. Er ist dann halt nur kein Verkäufer oder höchstens unteres Mittelmaß.

Damit kommen wir wieder auf den Punkt, im Grunde den Ausgangspunkt. Denn alles beginnt im Kopf. Einfach gesagt: „Wer nicht groß denkt, wird nie Großes erreichen!" Das bedeutet aber auch nicht Selbstüberschätzung zu pflegen, sich zu überschulden und im Liegestuhl zu warten, bis alles besser wird. Nein, es bedeutet, dass ich wissen muss was zu tun ist, ständig lernbereit bin und mich weiterbilde, fleißig bin und meine Visionen und Teilziele klar im Visier habe. Mit wenigen Ausnahmen gilt für die Persönlichkeit: Ich trage meine Einstellung nach außen. Ich kann keine hochwertigen, maßgefertigten Möbel verkaufen und trage selbst den billigsten Anzug vom Discount. Ok?

Also richten Sie Ihr Äußeres nach dem Erfolg aus, den Sie anstreben. Menschen kaufen bei Gewinnern, bei denen, die es vorleben. Ich kenne einige Menschen, die diese Einstellung und Erfolgsziele nicht haben und Andere mit „Erfolgsdenke" deshalb ablehnen. Solche, die nichts mehr kaufen, weil ich mit einem Auto der Luxusklasse vorfahre oder einen edlen Anzug trage und dann womöglich noch alles positiv sehe. Passe Dein Verhalten an, nicht Deine Werte (Vergleiche auch Kapitel 2.4). Wie viel Umsatz machen diese Kunden? Wie viel Preisgezeter gibt es dort? Hast Du das wirklich nötig? Arbeite mit positiven Geschäftsleuten und nicht mit Jammerern und Neidern. Und wenn es mal nicht anders geht, schalte einen Gang zurück, stell deine Karre um die Ecke ab und hole den Auftrag. Denn als Verkäufer muss man nicht seine Ideale vermitteln, sondern den Auftrag holen. Erfolg bedeutet Fleiß, Schweiß und Willen. Abschließend ist eines ganz wichtig. Ob verborgen oder offen, deine Mitmenschen achten auf dein Tun. „Fans" muss man sich erarbeiten (Neider übrigens auch). Deine Persönlichkeit wirkt! Seien Sie eine überzeugende Persönlichkeit. Jetzt!

Auf den Punkt:

- Mit Persönlichkeit als komplexes Ganzes kommen Sie weiter als nur mit Wissen. Mit einer überzeugenden Persönlichkeit verbinde ich folgende Eigenschaften: Optimismus, Glaubwürdigkeit, Erscheinung, Selbstwertgefühl, Kontaktfreudigkeit, Einfühlungsvermögen und Eloquenz
- Die meisten Kunden brauchen Persönlichkeiten, Leitbilder, Wertigkeit, Attraktivität – sie wollen eine Marke oder ein Vorbild
- Achten Sie auf Ihre Ausstrahlung, das gute gepflegte Aussehen – auch bei Ihrem Equipment – und auf die Wertigkeit Ihrer Produkte und Leistungen.

2.8 Die Basis für Servicequalität

Was heute bei einigen als Service angesehen wird, ist für mich pure Leistungserfüllung. Das gilt ganz besonders für Individualleistungen wie zum Beispiel Hotellerie und Gastronomie. Service zum Punkten fängt da an wo andere mit der normalen Leistungserfüllung aufhören. Und zwar nicht erst dann, wenn der Kunde fragt. Es wird so viel über den Onlinehandel gejammert, genau hier ist doch mein Vorteil im persönlichen Vertrieb. Zuverlässigkeit, Zuvorkommenheit, Qualität, Ehrlichkeit, Persönlichkeit sind alt bekannte Standards – die müssen perfektioniert und gelebt werden. „Blender" oder auch „Schleimer" haben verspielt. Der Kunde ist informiert. Lassen Sie sich 100% auf den Kunden ein? Sie brauchen ein riesiges Einfühlungsvermögen, um den Kunden aus seiner Wertewelt abzuholen. Was zählt, sind die Bedürfnisse des Kunden – das muss Ihre Ausrichtung sein, hinterfragen Sie es mit ehrlichem Interesse. Wenn Sie tun, was der Kunde nicht zu hoffen gewagt hat, dann wird er Ihr Fan. Und Fans sind im heutigen Verkauf extrem wertvoll. Gehen Sie die Extrarunde. Als Extrarunde bezeichne ich auch meine eigene Begeisterung. Ich muss brennen für meinen Job, meine Produkte, meine Leistung und dafür, dass der Kunde einen echten Nutzen vom Kauf haben soll. Wenn Sie brennen, mit Ihrer ganzen Energie und Leidenschaft, hinter dem stehen was Sie tun, dann wird diese Energie auf viele Ihrer Kunden übergreifen. Dann wird auch bei Ihrem Kunden Begeisterung entfacht. Begeisterung ist eine Notwendigkeit. Gerade heute, wo es kaum noch Alleinstellungsmerkmale gibt, ist Begeisterung oft das „Zünglein an der Waage". Je größer das Kauferlebnis, je größer die Begeisterung, die den Kunden mitreist, umso mehr wird er sich für Sie und Ihr Angebot entscheiden.

Mein Carport habe ich jedenfalls bei meinem Begeisterungssieger gekauft. Nein, es war nicht nur der Carport, höchstens zu 50%, was ich gekauft habe. Zur anderen Hälfte habe ich den völlig verrückt begeisterten Verkäufer gekauft, der seinen Mailverkehr fast immer ab 22.00 Uhr erledigt hat und eine Geschichte hatte. Eine Geschichte wie er den ersten Carport selbst gebaut hat, welches Herzblut er investiert hat, die ganzen Extrarunden, die er gegangen ist. Extrarunden sind im heutigen und zukünftigen Vertrieb eine wichtige Komponente. Das soll bedeuten, nicht nur das zu tun, was jeder macht. Sondern mehr Einfühlungsvermögen, mehr Aufgaben erfüllen für den Kunden, mehr Vorbereitung und Nachbereitung. Kurz gesagt, die Aufgaben des Kunden zu seinen Eigenen machen. Und kommen Sie jetzt bitte nicht mit: „Wo soll ich die ganze Zeit hernehmen?". Dieser Carport Verkäufer war körperlich, geistig immer voll da und hat die Wünsche und Besonderheiten (typenspezielle Bedürfnisse) des Kunden aufgegriffen und nach den Regeln der Machbarkeit umgesetzt. Und trotz seiner steilen Karriere hatte ich immer das Gefühl sein wichtigster Kunde zu sein. Einfach Klasse, ein Musterbeispiel für 110% Verkauf leben. Jetzt erinnert mich der Carport immer an diesen Top Verkäufer, also hat er mir auch Motivation und Spaß verkauft. Er hat mich aktiviert.

Es geht heute nicht anders. Von A wie Ausdauer und Hartnäckigkeit über L wie lebenslanges Lernen bis Z wie Zwischenmenschlichkeit. Immer 100%! Eventuell können Sie ein paar Punkte mit 95% abschließen, dann aber Andere mit 105%. Und Augenhöhe herstellen und behalten. Alles Genannte ist nicht mit „Kriecherei" umzusetzen. Denken Sie daran, Kunden kaufen bei Gewinnern und Gewinner buckeln nicht. Gewinner kennen Ihren Wert. Es ist der gleiche Wert wie beim Kunden nur eben auf der anderen Seite des Tisches. Auch ein „Nein" vom Verkäufer muss drin sein. Denn das ist Glaubwürdigkeit! Wer immer „Ja" sagt ist nicht glaubwürdig. Ich möchte möglichst viel Gewinn für mein Produkt und der Kunde möchte möglichst wenig bezahlen für ein optimales Produkt. Das ist doch legitim. In den Kunden einfühlen, für den Kunden da sein, aber kein Nachlass im Preis ohne Gegenleistung. Klare Regeln im Geschäft. Auch wenn Sie einen Abschluss mal nicht bekommen oder der Kunde über die Regeln die Nase rümpft. Wir Menschen brauchen Klarheit, das verschafft klare Denkprozesse, macht glaubwürdig und schafft Vertrauen. Wenn wir vom üblichen Service, wie zum Beispiel schnelle Lieferfähigkeit und Reklamationsabwicklung, mal absehen, steht doch eins fest: Servicequalität bin „Ich als Verkäufer". Genau der entscheidende Vorteil im persönlichen Verkauf! Die beste Nachricht ist, dass die „Extrarunde" an Service, also das Mehr als nur Vertragserfüllung, keine oder sehr wenige zusätzliche Geldmittel in Anspruch nimmt.

Bestes und neueres Beispiel habe ich in einem Hotel erlebt. Durch meine vielen Reisen und Übernachtungen bin ich nicht leicht zu beeindrucken, also man kann sagen, ich bin ein Hotelübernachtungsprofi. Sehr oft bin ich nicht beeindruckt, sondern enttäuscht. Leider sind es die vielen einfachen Dinge, die nicht funktionieren oder wo ich sofort den „Dienst nach Vorschrift" erkennen kann. Dabei ist es doch so einfach einen Kunden/Gast zu beeindrucken. Es liegt an der Führung der Mitarbeiter und natürlich an jedem Mitarbeiter selbst. Ich habe eine geschulte Wahrnehmung und sehe sofort, ob jemand seinen Job aus Mangel an anderen Gelegenheiten, wegen des Geldes oder von ganzem Herzen gerne macht. Mir ist wichtig, dass der Mitarbeiter, der mich bedient, glücklich ist und seinen Job gerne macht. Und so etwas habe ich durch die komplette Belegschaft in diesem Hotel Waldkater in Rinteln gespürt. Dann kam der Hammer. Die Tiefgarage kostenlos mit Namensschild an dem Stellplatz für mich. Wow! Wie geil ist das denn. Als ob das nicht genug ist, sehe ich am Morgen auf meiner Motorhaube eine kleine Tüte Gummibären. Darunter ein Zettel: „Damit sieh immer klar sehen, haben wir Ihre

Frontscheibe geputzt, gute Fahrt." Einen „Hotelübernachtungsprofi" so zu überraschen, ja, das geht auch noch! So einfach mit wenig Aufwand. Was passiert? Ich habe es schon so oft erzählt, ich verwende es als Beispiel in meinen Seminaren, ich schreibe darüber. Für ganz wenig Extrarunde – ganz viel Werbung. Empfehlungsmarketing pur. Denken Sie immer daran, es lohnt sich und macht Spaß.

Auf den Punkt:

- Sie langweilen, wenn Sie Servicequalität mit Leistungserbringung verwechseln
- Gehen Sie für Ihre Kunden eine Extrarunde
- Lassen Sie sich 100% auf den Kunden ein mit Einfühlungsvermögen und Aufmerksamkeit
- Begeisterung ist oft das „Zünglein an der Waage"
- Bieten Sie mehr als erwartet wird
- Die Extrarunde ist einfach, kostet nicht viel und bringt unglaublich viel

2.9 Sympathie und das Gesprächsklima

In vorangegangenen Kapiteln habe ich immer wieder das Thema - gutes Gefühl- und - Kauferlebnis - angesprochen. Ja, der Kunde möchte ein Erlebnis. Er möchte sich wohlfühlen, eine sichere und angenehme Atmosphäre genießen. Deshalb funktioniert der Direktvertrieb im eigenen Heim des Kunden so gut. Ich kann nur jedem Verkäufer dringend raten, dass er, je nachdem wie emotional und preisintensiv sein Produkt ist, eine schöne Umgebung, einen angenehmen Duft, bequeme Sitzmöglichkeiten, etwas zu Trinken und einen kleinen Snack anbieten sollte. Gerne mit Zugabe. Sicher, es ist oft eine Platzfrage, besonders im Einzelhandelsfachgeschäft, dennoch werden Sie feststellen, auch Sie fühlen sich beim Einkauf wohler, wenn Sie mal entspannen können und Ihnen das Umfeld gefällt. Im gehobenen Preisbereich der verschiedenen Branchen ist das fast überall schon umgesetzt. Es ist ein MUSS! In der Inneneinrichtungsbranche, in der ich viel unterwegs war, ist das selbstverständlich und ein guter Kaffeeautomat gehört hier zum guten Ton. Für mich ist es unverständlich und vor allem auch nicht konsequent, wenn es im Einzelhandel beispielsweise keine gemütliche Sitzecke gibt. In bequemer Sitzposition mit einem Getränk und einem Keks lässt es sich leichter auswählen. Das Verkaufsgespräch bekommt den angemessenen Rahmen und der Mensch kauft leichter, wenn Sie schon etwas gegeben haben. Wer etwas bekommt, möchte etwas zurückgeben.

Denken Sie immer daran, Sie sind ein TOP-Verkäufer, eine Marke, etwas Besonderes. First Class Verkauf mit Professionalität, guter Erscheinung, spitzen Unterlagen, einem oder mehreren Produkten bzw. Leistungen, die dem Kunden immer einen Nutzen bringen. Das können Sie doch nicht zwischen Tür und Angel verkaufen. Der Kunde soll spüren, dass er im Mittelpunkt steht. Dazu gehört ein spitzenmäßiges Ambiente. Erfüllen Sie die Erwartungen des Kunden einen Tick mehr, dann haben Sie eine gefühlsmäßige Übereinstimmung im Ambiente geschaffen, also Sympathie! Es darf alles gerne mehr sein, dann haben Sie das „Wow" des Kunden. Meinen ersten Mercedes habe ich nicht nur wegen der Marke gekauft, sondern weil ich dort „hofiert" wurde und das Ambiente hammermäßig ist. Vergessen Sie nie, Eitelkeit, Ego und der innere Wunsch als erfolgreicher und wohlhabender Mensch gesehen zu werden, steckt in den meisten von uns. Menschen kaufen bei Siegern, weil sie dort die Marke sehen! Schaffen Sie eine Wohlfühl-Atmosphäre. Dabei spielen alle unsere Sinne mit. Die Augen (Sehsinn) in erster Linie, wie gut, edel und abgestimmt ist alles anzusehen. Oder ist es heruntergekommen, ranzig und beißt in den Augen?

Die Ohren (Hörsinn) spielen mit. Gibt es Störungen, wie Lärm, das Gequatsche Anderer oder besser dezente Hintergrundmusik?

Die Hände (Tastsinn), wie fühlt sich alles an, sind es gute Materialien? Zu Hause habe ich eine kleine Bar mit einer dicken Eichenholzplatte auf dem Tresen. Nicht nur meine Augen freuen sich immer darüber, sondern diese wird auch von mir oft gestreichelt. So edles Holz.

Die Nase (Geruchssinn) spielt mit. Welche angenehmen angepassten Gerüche gibt es? Das wird immer öfter schon umgesetzt. Verkaufen Sie Regenwasserzisternen? Dann muss es nicht nach abgestandenem Wasser riechen. Da Sie aber Ersparnis und Ökologie verkaufen, darf es nach duftender Natur riechen, wie nach einem Regenguss im Sommer. Ah, super.

Der Mund (Geschmackssinn). Gibt es leckere Getränke aus einem hochwertigen Gerät oder die Plörre aus dem Pumpspender? Starten Sie ein Verwöhn-Programm, wobei sich Klasse und Aufwand natürlich nach den Produkten und deren Gewinnspanne richten muss. Aber ohne alles geht gar nicht.

Dem Kunden das Gefühl zu geben etwas Besonderes zu sein. Das hat auch was mit Zeitmanagement zu tun. Einem Menschen die volle Aufmerksamkeit zu geben, ist einfach und bringt unglaublich viel. Hier ist der Ertrag eindeutig höher als die Investition. Entweder Sie machen Termine oder Sie können sich Zeit nehmen, für den Kunden da zu sein. Dazwischen geht es nicht! Maximal bei Waren des täglichen Bedarfs kann ich Einschränkungen machen. Entweder ich will Kunden gewinnen, maximal verkaufen und Kunden binden oder ich pfeife auf den optimalen Erfolg. Es ist dann Zufall. Wie viel Zufall lassen Sie zu? Sie können doch nur zu einem Thema mit Menschen aufmerksam, einfühlsam und analytisch kommunizieren wenn Sie sich Zeit nehmen. Lassen Sie Telefone außeracht, lassen Sie sich nicht ablenken. Von nichts und niemanden. Lassen Sie Ihrem Gegenüber diese volle Aufmerksamkeit spüren durch Hinterfragen, Kopf nicken und wenn nichts weiter passt, ein „mmh" oder „Ja". Es ist so wertvoll einem Menschen das Gefühl zu geben, dass nur er allein jetzt gerade wichtig ist. Wertschätzung, Aufmerksamkeit und Einfühlungsvermögen, Ihr Kunde und natürlich auch andere Menschen werden es Ihnen danken.

Der sympathische Vertriebsprofi überlässt nur einen Bruchteil dem Zufall. Zum Beispiel, wenn es brennt oder ein Unfall vor der Tür passiert (hoffentlich nie). Ungefähr 5% sind äußere Umstände, die Sie nicht beeinflussen können. Der Rest liegt in Ihrem Verantwortungsbereich. Verkaufen ist kein Zufall. Sie bestimmen Ihren Wert, Ihren ganz persönlichen und den Wert für den Kunden. Sympathie ist ein Bestandteil unserer menschlichen Natur. Nutzen Sie diese, denn damit erreichen Sie die Menschen und können:

Sympathisch mehr verkaufen!

Auf den Punkt:

- Schaffen Sie Kauferlebnisse mit Wohlfühl-Effekt
- Achten Sie auf das Ansprechen aller Sinne
- Geben Sie dem Kunden das Gefühl etwas Besonderes zu sein
- Überlassen Sie nichts dem Zufall, Zufall gehört den Amateuren
- Sind Sie etwas Besonderes? Dann zeigen Sie es!

Kapitel 3 Umsetzung sympathisch mehr verkaufen

3.1. Die Kontaktaufnahme

Noch vor der eigentlichen Kontaktaufnahme steht einiges an Recherchearbeit an. Welche Kunden möchte ich ansprechen? Welche potentiellen Kunden gibt es in meinem Verkaufsgebiet? Wie kann ich den Kunden sympathisch ansprechen? Ich muss Adressen und Ansprechpartner ermitteln. Hier bietet sich die Möglichkeit bereits bestehende Altadressen zu nutzen. Sind solche nicht vorhanden, bietet sich das Internet als gute Hilfe an. Hier finden sich schnell Kontakte im Zielgebiet. Zudem finde ich hier auch in digitaler Form Branchenbücher, Adressen schon nach meiner Zielgruppe geordnet (z.B. Stahlhandel) und somit potentielle Kunden.

Immer öfter bilden sich auch Netzwerke in den unterschiedlichsten Bereichen. Mit Sicherheit finden Sie auch in ihrer Umgebung ein passendes Netzwerk. Auch hier bietet das Internet beste Recherchemöglichkeiten. Grundsätzlich ist wichtig, alle Informationen nutzen, die mir einen Einstieg möglich machen und mir ersten Aufschluss über die Entscheider bieten, wie diese ticken.

Mit dieser guten Vorarbeit können sie nun durchstarten. Es geht auf ins Gefecht. Sie haben noch keinen Kontakt hergestellt, was bedeutet, dass sie einen "Kaltbesuch" durchführen, also ohne Anmeldung zum Kunden fahren. Gerade hier ist es wichtig schon den ersten Eindruck vom Umfeld, dem Firmengelände, Einfahrt, Sauberkeit, Ordnung, dem Eingang und Empfang, verwendete Materialien und Ausstattung. Alles gibt mir einen ersten Eindruck, was der Geschäftsleitung wichtig sein könnte. Mit Freundlichkeit, aber Bestimmtheit, fragen sie nach dem für ihren Bereich Verantwortlichen. Viel besser, wenn Sie den Namen schon ermittelt haben. Hier kommt es ganz auf Ihr situatives Geschick an. Vermitteln Sie ihrem Gegenüber, dass Sie wichtig sind und strahlen Sie Selbstsicherheit aus. Dies gelingt Ihnen durch einen sicheren Auftritt und eine klare und eindeutige Sprache. „Ich möchte Herrn... sprechen!" oder „Ist Herr ... heute wieder im Hause?" Konjunktiv ist verboten. Der Empfang darf keine Abwehrgedanken aufkommen lassen.

Oftmals werden Sie darauf hingewiesen, dass es notwendig ist, vorher einen Termin zu vereinbaren. Lassen Sie sich nicht davon abschrecken, nutzen Sie vielmehr ihre Anwesenheit um eben selbigen zu vereinbaren. Dabei notieren Sie gleich den entsprechenden Ansprechpartner, Telefonnummern und sonstige Informationen, welche Sie als wichtig erachten. Hinterlassen Sie keine Unterlagen. Ja, Sie haben richtig gelesen, keine Unterlagen. Höchstens Ihre Karte und eine Imagebroschüre. Der Vorteil dabei, Sie erzeugen eine Neugier beim potentiellen Kunden. Sie möchten den persönlichen Kontakt und dieser kann Ihnen entgehen, wenn durch hinterlassene Unterlagen nur ein geringes Interesse beim Kunden entstanden ist. Erst Gespräch, dann eventuell Unterlagen und nachhaken! Ich habe noch nie andersherum Erfolg gehabt.

Wenn Sie eine telefonische Terminvereinbarung treffen wollen, fragen Sie nicht, ob Sie einen Termin vereinbaren dürfen, sondern machen Sie Vorschläge und sprechen Sie immer so, als ob es selbstverständlich ist, dass Sie einen Termin bekommen. Eine telefonische Kontaktaufnahme empfehle ich nur bei großen Gebieten, bei denen ein direktes anfahren unwirtschaftlich ist oder wenn es in der Branche so üblich ist. Die Eindrücke bei einer Terminvereinbarung vor Ort kann mir keiner mehr nehmen. Vielleicht kann ich den Termin mit dem Entscheider machen und wir haben uns dadurch schon mal gesehen. Als Grundregel, wenn es darum geht ob oder ob nicht vorher telefonisch einen Termin vereinbaren, empfehle ich es so. Verbrauchsmaterialien und Produkte mit geringen Investitionen immer persönlich vor Ort. Hier sind Termine durch die Pufferzeiten kontraproduktiv. Pünktlichkeit ist hier ganz wichtig, deshalb brauchen Sie Zeit vor dem Termin, sogenannte „Pufferzeit". Projektgeschäfte und Investitionsgüter immer mit Termin. Genau muss es individuell analysiert werden.

Stellen Sie einen Termin in Aussicht. Sollte Ihnen das an dieser Stelle nicht angebracht erscheinen, stellen Sie eine Alternativfrage. Also entweder: „Wie sieht es bei Ihnen am Donnerstagnachmittag aus?" oder „Passt es Ihnen besser am Dienstag oder am Donnerstag nächste Woche?" Andernfalls lassen Sie Ihrem Kunden die Entscheidungsalternativen von ja oder nein und müssen öfter mit einem Nein rechnen. Fragen Sie offen wie zum Beispiel: „Wann passt es Ihnen denn?" Dadurch bekommen Sie eine ausweichende

Antwort, signalisieren Unterwürfigkeit und wirken nicht gerade sehr beschäftigt. Denn nicht nur Kunden haben viel zu tun, sondern auch Verkäufer. Sind Sie erst mal abgewimmelt, gibt es vorläufig keinen Einstieg mehr. Sollten Sie mal nicht genau wissen, wer der richtige Ansprechpartner ist, fragen Sie einfach nach. Im Zweifelsfall, wenn es nicht sicher ist, wer der Entscheider ist, fangen Sie bei der Terminvereinbarung in der obersten Ebene an.

Sollte beim ersten telefonischen Aufeinandertreffen wirklich gar nichts möglich sein, schicken Sie ihre Visitenkarte und eine Imagebroschüre per Post und beziehen Sie sich bei einem neuen Anlauf auf diese.

Schon beim ersten Kontakt und gerade hier ist es wichtig freundlich und sympathisch zu sein. Es gibt keine zweite Möglichkeit für einen positiven ersten Eindruck. Seien Sie keine graue Maus, sondern eher eine interessante Katze. Zeigen Sie Ausstrahlung und Exklusivität. Dazu gehört nicht nur ein sympathisches Auftreten, sondern auch eine gute Erscheinung, deutliches eindeutiges sprechen, ein sicheres Auftreten und geordnete und exakte Unterlagen, ganz besonders beim ersten Eindruck.

3.2. Der erste Termin

Eine gute Vorbereitung ist bereits der halbe Weg zu ihrem Erfolg. Für Ihren ersten Besuch sammeln Sie alle Informationen, die Sie bekommen können und bereiten Sie sich damit vor. Darauf bin ich im Kapitel 3.1 schon eingegangen. Nutzen Sie Ihre Eindrücke von der Kaltakquise und aus dem Web. Nicht vergessen, für Ihren ersten Besuch und den damit verbundenen ersten Eindruck, Kleidung checken, Unterlagen bereit haben, für gute Laune sorgen und dann geht's los. Bewegen Sie sich auf dem Kundengelände unauffällig, höflich, stets zuvorkommend und seien Sie selbstsicher. Grüßen Sie alle Menschen, denen Sie beim Kunden begegnen. Alle Mitarbeiter sollen Sie in freundlicher Erinnerung haben und wer weiß, ob unter den Gegrüßten nicht auch der ein oder andere Entscheider war oder wird.

Kommen Sie bei Ihrem ersten Besuch nicht an als wollten Sie dort einziehen, sondern nehmen Sie nur Unterlagen mit, die Sie wirklich benötigen. Dazu gehören Imagebroschüre oder/und Katalog, natürlich immer eine Schreibmappe, Kalender und Visitenkarten. Alles verstaut in einer stilvollen Aktentasche. Sollten Sie digitale Medien mitführen, empfehle ich diese auf lautlos oder Flugmodus zu stellen. Wenn Sie Ihren entsprechenden Ansprechpartner vor sich haben, sagen Sie klar und eindeutig was Sie wollen.

Wie gehen Sie nun am besten vor? Stellen Sie zunächst Ihre Firma, sich und Ihre Leistungen vor. So kurz wie möglich! So lang wie nötig! Sprechen Sie dabei nicht gleich von sich aus über einen

Abschluss. Gehen Sie vorerst nur auf Ihr Unternehmen, die Leistungen und Ihre eigene Person ein. Berücksichtigen Sie bei Ihrem Verhalten die in Kapitel 1 vorgestellten Möglichkeiten im Umgang mit den verschiedenen Persönlichkeitstypen. Dazu müssen Sie sich auf den Kunden voll einlassen, mit aktivem Zuhören und einer hohen Wahrnehmung. Vor allem ist wichtig: „Quatschen Sie den Kunden nicht Tod!" Die Vorstellung muss kurz – aussagekräftig – bedürfnisorientiert und spannend sein. Es muss Sicherheit und Interesse vermitteln. Dann schon sind die offenen Fragen dran: „ Was ist Ihnen besonders wichtig?" oder „Was muss ein Zulieferer können, damit Sie mit ihm Geschäfte machen?" Diese Überleitung nach einer kurzen Vorstellung ist sehr entscheidend, denn jetzt sind Sie im Verkaufsgespräch. Jetzt agieren Sie nach den Vorstellungen – also nach den Antworten des Kunden – und können so seine Erwartungen, seine Denkweise, seine Ziele, seine Interessen usw. bedienen. Immer wieder offen fragen, natürlich situationsbezogen und charmant im Gespräch eingebunden. Nicht ausfragen wie bei der Polizei.

Mit einer guten Vorbereitung wissen Sie bereits, wo eventueller Bedarf Ihres Kunden steckt und was Sie ihm bieten können. Darauf gehen Sie im Gespräch ein. Auch der kleinste Schritt beim Erstbesuch ist ein Erfolg, notieren Sie sich alle Einzelheiten, Besonderheiten über das Ambiente, das Unternehmen und Ihre Ansprechpartner gleich nach dem Besuch. Notieren Sie sich auch Kleinigkeiten während des Gesprächs, der Kunde wird unter anderem darin Ihre Professionalität und Ihr Interesse erkennen. In der weiteren Bearbeitung oder dem nächsten Anlauf werden diese Notizen sehr nützlich sein.

Seien Sie nicht enttäuscht, wenn man Sie beim ersten Besuch nicht gleich zum Essen einlädt und sich eher reserviert verhält. Bleiben Sie hartnäckig bei der Sache, oft braucht es 6-8 Anläufe um einen festen Kontakt zum Kunden aufzubauen. Wenn Sie Ihrem Kunden gegenüberstehen ist es wichtig, dass Sie sich in einer Kontextsensibilität üben. Dies bedeutet, dass Sie situativ anpassungsfähig sein müssen und ein Feingefühl für Ihren Kunden und die Situation haben. Achten Sie darauf, wie Ihr Kunde gerade emotional drauf ist, welche Umstände in der Firma herrschen, wie die körperliche Verfassung Ihres Kunden ist.

3.3 Der erste Eindruck

Wie vorab bereits erwähnt, gibt es für den ersten Eindruck keine zweite Chance. Und gerade weil es so wichtig ist, wird es auch hier noch einmal erwähnt und in einem Extraabschnitt behandelt. Was genau ist wichtig für Ihren ersten Eindruck? Nach Prof. Dr. Albert Mehrabian* ist die Wirkung im ersten Eindruck wie folgt verteilt: „ 7% nach dem Inhalt, 38% nach der Stimme und 55% nach Ihrer Körpersprache."

Bewegen Sie sich immer zielgerichtet und dynamisch. Schlurfen Sie nicht vor sich her, sondern bewegen Sie sich mit raumgreifenden Schritten und einem aufrechten Gang. Betrachten Sie nicht die Bodenfliesen oder die Decke, halten Sie Kopf aufrecht mit einem geraden Blick. Ihr Augenkontakt besteht mit der Person, mit der Sie ein Gespräch führen oder führen werden. Beim Entgegengehen, beim Begrüßen, bei wichtigen Aussagen (wie z.B. dem Preis), immer wieder zwischendurch, aber nicht starrend und bei der Verabschiedung.

Sie möchten ein seriöses, kompetentes und qualitativ hochwertiges Unternehmen präsentieren. Dem entsprechend achten Sie auf ein gepflegtes Äußeres. Die Kleidung ist wichtig, denn diese zeigt viel von Ihrer inneren Einstellung und sollte auch Qualität haben, wie Ihre Produkte (minimal Hemd, einfarbige Hose, Sakko, Lederschuhe). Denn Sie müssen auch ein Klischee erfüllen. Weiterhin dazu gehören auch ein angenehmer Duft, geputzte Schuhe, gepflegte Haare, saubere und gut geordnete Unterlagen. Das gehört zur Vorbereitung, sind Sie beim Kunden gilt Ihre Aufmerksamkeit ihm. Wenn Sie etwas tun, dann tun Sie nur das eine. Suchen Sie keine Akten wenn Sie sich zeitgleich vorstellen. Entweder Sie üben eine Handlung aus oder Sie sprechen mit Jemandem. Wenn Sie sprechen, dann sprechen Sie in einer angenehmen Lautstärke, deutlich und sicher.

Erstarren Sie beim Gespräch nicht zu einer Salzsäule. Setzen Sie Mimik und Gestik ein, um auf Ihren Kunden nachhaltig, dynamisch und überzeugend zu wirken. Dies schaffen Sie am besten, wenn Sie nicht unsicher umher hampeln. Die Füße stehen fest auf dem

Boden, die Arme sind an der Seite oder in Bauchnabelhöhe, achten Sie auf eine offene und feste Haltung. Alle Bewegungen und auch Ihre Sprache sollten ruhig, eindeutig und mit Pausen sein, dabei jedoch nicht monoton wirken.

Wie wichtig der erste Eindruck ist, möchte ich hier nochmals mit der Darlegung eines klassischen Experimentes unterstreichen.

„Die Tendenz, alles – auch Dinge, die wir gar nicht beobachtet oder erlebt haben – an einem Menschen zu mögen (oder auch nicht zu mögen), wird „Halo-Effekt" genannt. Diese weitverbreitete kognitive Verzerrung beeinflusst maßgeblich unsere Sicht von Menschen und Situationen." Unsere Interpretation wird von unserer Emotion bestimmt, die mit dem ersten Eindruck verbunden ist. In einem klassischen Experiment, präsentiert von Solomon Elliot Asch (1907-1996), wurden Probanden gebeten die Persönlichkeit zweier Menschen zu beurteilen.

Was halten Sie von Alan und Ben?

Alan: intelligent, fleißig, impulsiv, kritisch, eigensinnig, neidisch

Ben: neidisch, eigensinnig, kritisch, impulsiv, fleißig, intelligent

Die überwiegende Mehrheit der Probanden hatte eine viel günstigere Meinung von Alan als von Ben!

Nur weil hier die positiven Eigenschaften von Alan zuerst genannt werden, beeinflusst das unsere Einschätzung der folgenden Eigenschaften und der gesamten Bewertung positiv. Also können wir sagen, dass die Auslegungen meiner Eigenschaften positiver werden, wenn mein erster Eindruck positiv ist.

3.4. Die Begrüßung, der Einstieg

Wir haben bereits einige wichtige Punkte besprochen. Ich möchte an dieser Stelle noch einmal ein paar Zeilen im Speziellen zur Begrüßung verlieren. Für viele meiner Seminarbesucher stellt gerade der erste Kontakt eine besondere Herausforderung dar. Wichtig ist zunächst ein freundlicher Ausdruck. Personen mit einem Lächeln im Gesicht werden als wesentlich angenehmer empfunden, was uns nicht sonderlich verwundern sollte. Also lächeln, lächeln, lächeln... Mit diesem Lächeln gehen Sie nun zielstrebig auf Ihren Ansprechpartner zu und stellen Augenkontakt her. Wenn Sie auf eine Person zugehen, dann gehen Sie zügig, aber wirken Sie nicht hektisch. Nutzen Sie Gestik und Mimik, um interessant, begeisternd und leidenschaftlich rüber zu kommen. Lächeln Sie nicht nur, sondern lachen Sie mit dem Gesicht, den Augen. Denn wer im Inneren positiv ist, hat einen ganzheitlichen fröhlichen Gesichtsausdruck. Der Augenkontakt soll nicht starrend sein. Immer mal wieder, besonders bei der Begrüßung, bei wichtigen Aussagen (Preis) und bei der Verabschiedung. In der Gestik ist Aktivität gefragt, aber keine Hampelei. Unterstützen Sie Ihre Worte mit einer harmonischen kongruenten Mimik und Gestik. Das ist dann überzeugend und begeisternd. Zudem achten Sie darauf, dass zwischen Ihnen und ihrem Gesprächspartner keine Barrieren sind, soweit dies von Ihnen zu beeinflussen ist.

Meistens wird ein Handschlag die Begrüßung unterstützen, oft ist das normal und ganz automatisch. Allerdings sollten Sie es vermeiden mit der Hand wie ein Degen auf den Kunden zuzustürzen. Einige Kunden warten ab und Ihr Übereifer zeugt von Nervosität. Generell sind Sie auf der richtigen Seite, wenn Sie sehen und fühlen wie Ihr Kunde es handhabt und dann reagieren. Der Abstand beim „Hand geben" sollte eine knappe Armlänge betragen. Der Arm ist fast gestreckt, sodass Sie noch gerade und bequem stehen. Gehen Sie zu dicht heran, wirkt es unsympathisch, zu weit weg demonstriert es zu viel Ehrfurcht.

Achten Sie auf Ihren Blick, der freundlich und gerade sein muss. Senken Sie Ihr Kinn, dann zeigt es Unterwürfigkeit und heben Sie es an, dann wird es als Überheblichkeit erkannt. Ich kann nur empfehlen Spiegeltraining oder besser Videotraining zu praktizieren. Nur wenn Sie sich beobachten und Kleinigkeiten, die oft unbemerkt sind, korrigieren, werden Sie den Profistatus erreichen. Die bei einigen Menschen so leicht und locker wirkende Professionalität im Verhalten hat ihre Wurzeln in intensivem Training.

Wenn Sie mit einer Person sprechen, sprechen Sie aus tiefer Überzeugung. Erzählen Sie nichts, was nicht der Wahrheit entspricht, aber auch nicht davon, was bei Ihnen nicht gut funktioniert, oder wovon Sie nicht selbst überzeugt sind. Dies bewahrt Sie vor unangenehmen Situationen, in denen Sie erklären müssen, warum Sie Versprochenes nicht einhalten konnten. Machen Sie aus einer Mücke einen Elefanten, aber die Mücke muss es geben.

Stellen Sie sich mit Ihrem kompletten Namen und Ihrer Firma vor, sodass Sie sofort zugeordnet werden können. Zudem ist es immer gut, wenn Sie sich auf vorangegangene Gespräche am Telefon, Gemeinsamkeiten oder ähnlichem berufen können. Dies stellt sofort eine Verbindung her und gibt Ihrem Kunden das Gefühl Sie zu kennen.

Machen Sie bei der Vorstellung Pausen, zeigen Sie keine Hektik, stehen Sie bequem und fest. Achten Sie immer darauf, wie Ihr Kunde sich verhält. Nur so haben Sie die Möglichkeit auch auf sein Verhalten zu reagieren. Oft neigen Menschen dazu in Situationen mit erhöhter Nervosität mit den Fingern, Kugelschreibern oder den Akten zu spielen. Dies sollte unbedingt vermieden werden, da es von Unsicherheit zeugt. Um kein Zeichen von Ängstlichkeit zu zeigen, sollten Sie es zudem meiden, Ihre Tasche auf den eigenen Schoß oder vor Ihren Körper zu nehmen. Dies entspricht einer Barriere.

3.5. Die Präsentation Erstbesuch

Der erste Schritt ist getan. Sie befinden sich im Unternehmen und haben bereits so einige Hürden genommen. Hat alles gut funktioniert und ist Ihr Angebot spannend genug, dann werden Sie einen Termin zum Gespräch oder/und einer Präsentation erhalten. Diese kann auf Ihr Unternehmen, Ihre Person oder einzelne Produkte bezogen sein. Seien Sie auch hier gut vorbereitet und zeigen Sie Ihrem Kunden, dass Sie sich mit Ihrem Unternehmen und den Produkten bestens auskennen. Dies schaffen Sie, indem Sie nicht jedes Wort von einer Karte lesen müssen und auch bei Produkten nicht erst die Anleitung vor holen müssen. Einige Informationen sollten Sie in jedem Fall unterbringen. Machen Sie Ihrem Kunden klar warum Sie da sind, wer Sie sind, woher Sie kommen, was Ihr Unternehmen bietet und was Sie persönlich zum Gelingen beitragen können. Kurz aber Eindrucksvoll und dann folgt schon die Frage: „Was ist ihnen besonders wichtig?". Ziel muss das Geschäft zwischen zwei Partnern sein! Ich bin da, um Geschäfte zu machen und Lösungen zu bieten.

Eine Präsentation muss sich immer ausrichten nach den Bedürfnissen des Kunden und seinem großen Nutzen. Diese Bedürfnisse sind nach dem Grundbedarf und nach dem Persönlichkeitstypen zu ermitteln. Sympathisch sind Sie hier, wenn Sie mit der Präsentation und der dazugehörigen Argumentation die Bedürfnisse und Motive des Kunden treffen. Dazu gehören in diesem Kontext die Fragen zur Vorbereitung, wie das Niveau der Kunden in diesem Bezug ist? Um welches Produkt handelt es sich? Welche Medien sind angemessen in meiner Präsentation? Welchen und wie viele Ansprechpartner habe ich? Was wird erwartet? Wo ist die Präsentation? Letztendlich können Sie vor und bei der Präsentation immer die Gegenüber im Blick haben und sich situativ anpassen. Nutzen Sie nur so viel Technik wie unbedingt nötig. Der Mensch steht immer im Mittelpunkt, nicht das Material. Ihre Vorbereitung ist hier wesentlich und eine selbstverständliche Fleißaufgabe.

Wenn Sie über Produkte oder Leistungen sprechen, bleiben Sie kurz und präzise, sprechen Sie dabei langsam, deutlich und mit abwechslungsreicher Betonung. Lassen Sie Ihrem Kunden Denkpausen, um Informationen zu verarbeiten. Oftmals ist weniger mehr, was auch für Ihren Satzbau gilt. Bilden Sie kurze und präzise Sätze. Es ist wichtig, dass Sie Ihren Gesprächspartner beobachten, um ein Gespür dafür zu entwickeln, was den Kunden interessiert. Seien Sie immer begeistert von dem was Sie sagen und tun, Begeisterung kommt von innen! Der kongruente Einsatz von Rhetorik, Gestik und Mimik macht Ihren Vortrag lebendig, begeisternd und überzeugend. „Brennen" Sie bei dem was Sie tun, bzw. anbieten.

Bei der Unterstützung Ihrer Präsentation mit visuellen Elementen gibt es weitere Punkte zu beachten. Die visuelle Präsentation eignet sich, um dem Kunden eine bessere Vorstellung zu ermöglichen. Achten Sie darauf, nicht jedes Wort ablesen zu müssen. Dies bietet Ihnen Freiheiten um Ihren Kunden zu beobachten und Reaktionen aufzunehmen. Idealer Weise haben Sie Produktmuster, die der Kunde dann nutzen kann, um sich einen Eindruck zu verschaffen.

Auch wenn es nicht Ihr tägliches Geschäft ist Vorträge zu halten, so sollten Sie zumindest einige Grundelemente berücksichtigen. Bei Ihrer Präsentation achten Sie wie immer auf den direkten Zugang zum Kunden und lassen Sie den Weg oder gar die Sicht nicht durch Tische oder Schränke blockieren. Stehen Sie frei ohne sich hinter irgendetwas zu verschanzen. Ihre Muster oder Folien kennen Sie bereits, daher machen Sie diese für Ihren Gesprächspartner sichtbar ohne dass sich dieser den Hals verdrehen muss. Wenn Sie bei der Präsentation etwas zeigen, so machen Sie dies mit der flachen Hand statt dem einzelnen Finger. Der einzelne Finger hat immer auch etwas Bedrohliches an sich. Zudem ist die ganze flache Hand ein Zeichen des Gebens und der Friedfertigkeit. Denken Sie bei jeder Form der Präsentation – der Kontakt zum Kunden geht immer über den Kontakt zu Dingen. Muster und Power Point sind visuelle und sehr gute Arbeitsmittel, aber nur Arbeitsmittel. Im Übrigen werde ich Power Point nur einsetzen, wenn eine umfangreiche Präsentation gewünscht oder angemessen ist. Bilder und Muster dagegen immer wo es möglich ist. Auch bei längeren Präsentationen ist der Abschluss eine offene Frage: „Was ist Ihnen außerdem noch wichtig?" oder „Was ist Ihnen besonders wichtig?"

Kapitel 4 Sympathisch Kunden im Außendienst entwickeln

4.1. Besuchsrhythmus

Ihre Kundenaufteilung und auch Ihr Besuchsrhythmus sollten einem geordneten System unterliegen. Unterteilen Sie ihre Kunden nach ihrem Potential und Kaufverhalten. Diese Daten müssen gut geführt werden und einer ständigen Prüfung der strategischen Einteilung unterliegen. Denken Sie bitte daran ca. 20% Ihrer Kundschaft werden 80% Ihres Umsatzes machen. Je nach Branche benötigen Sie ein bestimmtes Kundenvolumen, um auf Ihren Umsatz zu kommen. In der Investitionsgüterbranche sicher weniger als im Verbrauchsmittelbereich, aber die Regel bleibt grundsätzlich. Auch der Rhythmus ist natürlich auf den potentiellen Bedarf festzulegen. Eine Verarbeitungsmaschine benötigt der Kunde halt seltener als Schrauben und Arbeitsschutzbedarf. Dennoch muss ich immer die Übersicht behalten. Es ist notwendig bei Verbrauchsmitteln regelmäßig und öfter präsent zu sein, wobei im Konsum- und Investitionsgüterbereich die Vorbereitung und Qualität der Besuche im Vordergrund steht.

Nehmen wir hier als Beispiel den Großhandel B2B im Großsortimentsbereich Verbrauchsmaterialien.

Neu- und Nullkunden können Sie zum Beispiel alle 2 Wochen anfahren. Dies machen Sie 4 Mal. Sollte sich in diesen 4 Besuchen kein Termin ergeben, so lassen Sie den potentiellen Kunden 6-12 Monate ruhen ehe Sie einen erneuten Versuch unternehmen. Bei einem erfolgreichen Besuch bauen Sie diesen Kunden in Ihren Tourenplan ein. Der Tourenplan sollte im Gebiet mit unterschiedlichen Kundengruppen gemischt sein. Diese Kundengruppen können in A B C R Kunden unterteilt werden. Diese Einteilung eignet sich jedoch nur für Sie, wenn Sie wirklich im oben genannten Segment zu tun haben. Alle weiteren Branchen richten sich dann nach strategischen, wirtschaftlichen und individuellen Kriterien.

Das System dieser Einteilung ist relativ einfach. Ein A Kunde wird beispielsweise wöchentlich besucht, ein B Kunde 14-tägig und ein C Kunde monatlich. Der R Kunde soll als Restkunde definiert werden. Dieser Kunde wird angefahren, wenn Sie wesentlich schneller mit Ihren Terminen durch sind als geplant oder anderweitig zusätzliche Zeit zur Verfügung steht. Zudem sollten Sie bei Ihrem Tourenplan beachten, dass möglichst 60 % Tagesauslastung für feste Kundenbesuche und 40% für Nullkunden, Neukunden oder Sonderaufgaben eingehalten werden. Dann ist sichergestellt, alle fest geplanten Besuche auch zu schaffen und die restliche Zeit sinnvoll zu nutzen. Andere Aufgaben können operativ erledigt werden. Der Erfolg durch Fleiß wird sich weitgehend im Bereich der 40% bewegen. Hier ist entscheidend wie viel Zeit Sie investieren, um neue Kunden aufzubauen oder zu gewinnen. Wenn immer andere Dinge Vorrang bekommen, dann werden Sie nicht erfolgreich. Das ist im Alltagsgeschäft manchmal nicht so einfach, hier den richtigen Fokus zu behalten.

Die Entwicklung des Verkaufsgebietes und der Kunden muss deutlich erkennbar sein, um einschätzen zu können ob meine Aktivitäten ausreichend sind. Zudem ist es auch für Sie ein sehr guter Motivationsimpuls.

Kleine Kunden mit sehr geringem Potential oder einem weiten Anfahrtsweg sollten Sie nur nach Absprache oder eindeutigen Wunsch anfahren. Dies erspart Ihnen viel Aufwand, Zeit und Nerven. Es ist für Sie sehr wichtig, dass Ihr Besuchsrhythmus und der damit verbundene Aufwand mit der Branche, dem potenziellen Bedarf, den Anforderungen, der Gebietsgröße und der Kundenanzahl im Gebiet im Verhältnis stehen. Bei vom Kunden gewünschten Extraterminen versuchen Sie diese Termine überwiegend auf Tage zu legen, an denen Sie sich ohnehin im jeweiligen Gebiet aufhalten. Verzetteln geht sehr zu Lasten des Erfolgs. Gerade in Branchen mit Verbrauchsgütern und großem Kundenpotential ist die Zeitplanung extrem wichtig. Ruft ein Kunde an, weil Sie unbedingt vorbeikommen müssen, dann antworten Sie immer positiv, um dann Angebote zu machen. „Gut, dass Sie anrufen. Gerne komme ich zu Ihnen. Wann passt es Ihnen besser, Montagnachmittag oder Mittwochvormittag?" Damit entsprechen Sie Ihrem Kunden und vermitteln, dass Sie als Profi auch ein Zeitmanagement haben. Nur in wenigen Fällen wird der Kunde das nicht akzeptieren.

Die wiederholten Besuchstage sollten einem festen Rhythmus folgen. Diese festen Besuchstage und Regelmäßigkeit bringen Ihnen

Kundenbindung und ermöglichen es dem Kunden sich darauf einzustellen und dies fest einzuplanen. Wenn Sie einen Termin vereinbaren möchten, versuchen Sie dies nicht telefonisch zu machen. Natürlich nur, wenn Sie sowieso im Gebiet unterwegs sind und die Wirtschaftlichkeit gegeben ist. Telefonische Terminanfragen werden oft abgelehnt, da es für den Kunden wesentlich einfacher ist, wenn Sie ihm nicht direkt gegenüber stehen. Eine direkte und persönliche Anfrage ist wesentlich schwieriger abzulehnen als die telefonische Vereinbarung vorher. Deshalb nennt man den Telefonverkauf auch die Königsdisziplin im Verkauf. Wie Sie das erfolgreich praktizieren können, lesen Sie im Kapitel 5.

Wenn Sie eine Terminvereinbarung mit einem Kunden getroffen haben so ist diese stets pünktlich und zuverlässig einzuhalten. Das schafft ein großes Vertrauen. Sollte es einmal nicht möglich sein einen Termin pünktlich wahrnehmen zu können, so rufen Sie Ihren Kunden an und informieren Sie Ihn darüber. So ermöglichen Sie auch Ihrem Kunden seine Zeit anderweitig zu nutzen und zeigen ihm, dass Ihre Zeit so wertvoll ist wie seine. Genau darum sind feste Termine in Branchen mit vielen Kunden und Besuchen pro Tag kontraproduktiv.

Schieben Sie ganze Tage nur in Ausnahmefällen. Wenn Sie in Ihren wohlverdienten Urlaub fahren, dann denken Sie strategisch und gehen Sie noch einmal gedanklich durch, welcher Ihrer Kunden noch etwas braucht. Dies zeigt auch Ihrem Kunden, dass er Ihnen wichtig ist und Sie mitdenken. „Erziehen" Sie Ihre Kunden nach und nach direkt im Innendienst zu bestellen. Das darf den aktiven

Verkauf nicht ablösen, macht jedoch die Arbeit leichter und ist gewinnbringend bei Ihrer Abwesenheit. Die Besuchsintensität und die ständige strategische Einteilung haben großen Einfluss auf Ihren Gesamterfolg.

Zum besseren Verständnis muss hier erwähnt werden, dass der Besuchsrhythmus eine strategische Maßnahme ist, die auch als solche zu behandeln ist. Ein generelles Dogma ist eine falsche Interpretation. Es kommt stark auf Potential des Kunden, Gebietsgröße, Branche, Produkt usw. an. Wie oft werde ich gebraucht? Wann kann ich etwas erreichen? Was macht der Wettbewerb, wenn ich es nicht tue? Diese Fragen gilt es bei der Planung zu beantworten. Nicht zuletzt ist auch Sympathie im Spiel. Wo ist die Schmerzgrenze des Kunden? Kontaktiere ich zu oft, nervt es den Kunden oder er denkt ich habe nicht genug zu tun. Kontaktiere ich zu selten, fühlt sich der Kunde nicht gut betreut und kauft woanders. Hartnäckigkeit im Verkauf ist sehr wichtig, allerdings auch eine Gradwanderung. Achten Sie darauf, die Mitte zu finden und nach keiner Seite abzukippen.

4.2. Die Bedarfsermittlung

Wie ermittle ich den Bedarf meines Kunden richtig? Diese Frage stellt sich sicher jeder. Der Bedarf Ihres Kunden richtet sich nach Branche und Tätigkeitsfeld. Erste Schritte hierfür haben Sie bereits in der Vorbereitung, im ersten Gespräch und weiteren Besuchen getätigt. Hier haben Sie sich nach dem Kerngeschäft des Unternehmens, wichtigen Projekten und den Bedürfnissen erkundigt bzw. diese selbst erkannt.

Oft liegen das Bedürfnis des Kunden (persönliche Vorlieben, Sichtweisen…) mit dem Bedarf, der realistisch ist, weit auseinander. Zum Beispiel könnte das Bedürfnis (Wunsch) sein, eine Mercedes S-Klasse zu fahren. Da jedoch nicht genug Geld für Anschaffung und Wartung vorhanden ist, wird es dann eine B-Klasse (was dann der realistische Bedarf ist).

Weitere Informationen gibt Ihnen ihr Kunde teils ganz unbewusst. Wichtig ist dafür wieder verschiedene Persönlichkeitstypen zu kennen und darauf einzugehen. Ein entsprechendes Wissen ermöglicht es Ihnen bei der Wahl der Angebote und Argumentationen darauf einzugehen. Die Einen möchten immer die Extraklasse, andere entscheiden spontan und andere wieder nur nach Preis/Leistung. Zudem haben Sie die Möglichkeit Artikellisten branchengleicher Kunden zu analysieren und entsprechenden möglichen Bedarf zu ermitteln. Diese umfänglichen Arbeiten zeigen bereits, dass es unerlässlich ist Kundendaten zu führen und selbige auch bei sich zu haben. Hier sollten Daten wie

Mitarbeiterzahl, verschiedene Einkäufer (Ansprechpartner), bereits gekaufte Artikel, Namen und Kundenprojekte enthalten sein.

Zudem sollten Sie immer Augen und Ohren offen haben, um auch nicht ganz offensichtliche Informationen zu sammeln und Bedürfnisse zu erkennen. Scheint der Bedarf Ihres Kunden langfristig ermittelt, so ist es dennoch wichtig eine regelmäßige Präsentation und Animation von Artikeln durchzuführen. Dies ruft dem Kunden immer wieder einzelne Produkte ins Gedächtnis und eröffnet Fragen. Es ist unproduktiv zu fragen: „ Was kann ich noch für Sie tun?" oder „Brauchen Sie noch was?" Sprechen Sie hier immer bestimmte Produkte, Leistungen oder Projekte an, damit es vom Gehirn des Kunden sofort verarbeitet werden kann.

Sie müssen in der Lage sein, sich bei Gesprächen oder Präsentationen auch in die Situation und Aufgaben Ihres Kunden zu versetzen. Seien Sie eine Hilfestellung für Ihren Ansprechpartner um erfolgreich zu handeln. Schaffen Sie einen Mehrwert durch Ihre eigene Person, indem Sie auch Dienstleistungen rund um den Verkauf anbieten, also seien Sie unterstützend zur Stelle. Bedenken Sie, dass der Weg zum Kunden immer über die Beziehungsebene und das Gefühl geht. Ein potentieller Kunde, der nichts braucht, den konnten Sie nur noch nicht überzeugen oder haben noch nicht herausgefunden, was ihn genau bewegt. Lassen Sie sich durch Abwehrmechanismen des Kunden nicht einschränken.

4.3. Der aktive Verkauf (cross selling and up selling)

Ein unumgängliches Element zur Entwicklung von Kunden, Gebiet und Umsatz ist das Cross Selling (der Verkauf quer durch die Produktpalette, soviel Produkte aus dem Portfolio wie möglich). Voraussetzung natürlich Sie haben auch mehr als ein Produkt oder Leistung zu bieten. Ganz klar, und das kann Ihnen zusätzlich ein gutes Gefühl vermitteln, ist eine Präsentation aller Möglichkeiten, die dem Bedarf entsprechen, purer Service. Sie belasten einen Kunden nicht, indem Sie ihm alle Produkte nahebringen, vorführen und empfehlen, sondern Sie bieten nicht genug Service, wenn Sie es unterlassen. Natürlich kommt es auf die Dosis an. Haben Sie schon einmal darüber nachgedacht? Ein professionelles Cross and up selling ist meine Pflicht, sonst sind wir wieder beim Thema Unterlassung. Ob die Kunden manchmal nicht begeistert davon sind, hängt von meinen Fähigkeiten ab, es situativ, anpassend und sympathisch rüber zu bringen. Nur selten ist es wirklich der Zeitfaktor oder der Umstand, dass der Kunde genervt ist. Hier ist es auch wieder meine Fähigkeit das richtige Einfühlungsvermögen zu haben und unterscheiden zu können zwischen Vorwand und Wahrheit. So und jetzt sehen wir mal, wie wir das auf den Auftragsblock bekommen. Wichtigste Grundvoraussetzung dafür ist Wissen. Es ist das Wissen über Ihren Kunden. Was braucht mein Kunde? Was hat mein Kunde schon? Auch hier gehören Ihre gesammelten Informationen wieder zur Grundvorbereitung. Nur so können Sie Ihren Kunden auch zielgerichtet bearbeiten. Ihre Notizen machen es zudem möglich, dass Sie Ihren Kunden nicht mit allem bombardieren sondern immer wieder mit neuen oder weiteren Artikeln konfrontieren können. Dies bedeutet für Sie, dass Sie bereits vorab klar Ihr Besuchsziel definieren müssen.

Das aktive Verkaufen ist eine Animation von Produkten, Dienstleistungen und das Anbieten von Lösungen sowie die Möglichkeit, Mengen maximal auszuschöpfen. Diese Animation beginnt bereits bei Ihrer Verkaufstasche und Mappe. Bereits dort sind Aktionen und Neuigkeiten beim Aufklappen sichtbar. Laminierte Produkt- und Artikelgruppenübersichten sollten schnell sichtbar sein, um genutzt werden zu können. Zudem bieten Sie auch eine gute Gedankenstütze für den Verkäufer, um keine Informationen zu vergessen.

Wenn Sie nach dem Aufklappen der Auftragsmappe Ihre Präsentation oder Ihr Gespräch beginnen, sprechen Sie in Bildern. Nutzen Sie Ihre bildlichen Arbeitsmittel auch, wenn Sie Ihre Artikel ohne Katalog erklären können. Wenn es Kataloge, Prospekte oder ähnliche Aktionsangebote in Ihrem Unternehmen gibt, so legen Sie diese nicht wortlos auf den Tisch, sondern besprechen Sie was den Kunden besonders interessieren könnte. Bei den weiteren Besuchen sprechen Sie Ihren Kunden dann erneut darauf an.

Musterartikel sind beim aktiven Verkauf ein unerlässliches Mittel. Der Kunde kann dabei alle Sinne einsetzen und bekommt gerade bei innovativen Produkten einen Aha – Effekt.

Wenn Sie einen Kundenbesuch planen, versuchen Sie stets eine Produktpräsentation einzubauen. Diese eignen sich sehr gut bei einer großen Produktvielfalt.

Durch eine Präsentation gelingt es Ihnen nicht nur das Produkt sondern auch die Gedanken des Kunden anzusprechen und Sie machen das Produkt besser vorstellbar für den Kunden. Sie animieren zum Kauf. Zudem entstehen dadurch viel eher Fragen beim Kunden, was das Produkt auch vorstellbarer und vertrauter für Ihn werden lässt. Bei Ihrem Besuch kommt es immer auf eine gute situative und geschickte Ausnutzung aller Möglichkeiten an. Geschickt, charmant und immer mit dem Gefühl für die jeweilige Situation können Sie für den Kunden völlig unbemerkt mehrere Möglichkeiten zur Erhöhung der Artikelbreite ausschöpfen. Die Möglichkeiten zusammengefasst: Artikellisten der Branche, Muster, Musterkarten, Katalog, Prospekte, Aktionen, selbst gesehene Produkte anderer Anbieter, neue Produkte, Produktketten oder einfach Produkte, die noch nicht gekauft wurden. Wenn Sie nicht mindestens 3 Möglichkeiten je Besuchstermin nutzen, haben Sie zu wenig getan. Es liegt an Ihrer geschickten Umsetzung, ob der Kunde es sympathisch findet oder genervt ist!

Der Mengenverkauf (up-Selling) ist auch eine Frage des Willens. Haben Sie die Möglichkeit für Verbrauchsmaterialien 1, 5, 20, 100 Stück in einer VE zu verkaufen, dann fragen Sie nicht: „Wieviel darf ich schicken?" Nein, nach Größe des Kunden geordnet fragen Sie immer alternativ: „Möchten Sie 5 oder lieber 20 Stück, um sicher zu gehen?" Nehmen Sie immer für den ersten Vorschlag die VE, wo

Sie denken es ist die richtige VE und für die Alternative eine größere.

Zu viele Informationen oder Angebote sind genauso unwirksam wie zu wenige. Wenn Sie es im Gespräch oder allgemein bei Ihrem Kunden geschafft haben eine positive Atmosphäre zu schaffen, dann halten Sie diese aufrecht. Die positive gute Stimmung muss gepflegt werden und darf beim aktiven verkaufen nicht verloren gehen. Dieser Punkt soll auch zugleich der Einstieg in unseren nächsten Themenpunkt sein.

4.4.   Die Kundenbindung

Haben Sie einen Kunden erst einmal gewonnen, gilt es diesen auch zu halten. Dabei helfen Ihnen im Vorfeld Bewertungen. Hier kann in monetäre und nicht monetäre Instrumente unterschieden werden. Eine monetäre Kundenbewertung kann zum Beispiel durch Umsatzanalysen und Ausschöpfungstatistik der Artikelbreite durchgeführt werden. Eine nicht monetäre Kundenbewertung hingegen befasst sich mit Kundenzufriedenheitsanalysen und Loyalitätskonzepten. Monetär kann die Kundenbindung z.B. durch Reparaturservice, Regalsystemen, Kompatibilität von Werkzeugsystemen oder Ähnlichem, Kanban - Möglichkeiten, Bonussystemen, Kulanzabwicklungen erfolgen. Also alles was Zeit, Geld, Arbeit spart und die Arbeit des Kunden erleichtert. Natürlich auch was dem Kunden zusätzliche materielle Vorteile verschafft, wie Bonuszahlungen beim Erreichen von Jahresumsatzzielen.

Die Systeme zur Kundenbindung sind sehr vergleichbar geworden. Daher ist ein wichtiges, ein meist unbemerktes Instrument, das positive Gefühl, welches beim Kauf, gepaart mit Vertrauen und einer beständigen Sympathiegewinnung entstehen soll. Es geht um Ihren Einsatz. Sind Sie persönlich im Zusammenspiel mit Ihren Produkten und Leistungen für den Kunden fast unentbehrlich? Hat der Kunde ein Erlebnis, wenn Sie verkaufen? Dies wird leider noch immer häufig unterschätzt. Dass ihr Kunde sich bei Ihnen in guten Händen fühlt, dankt er Ihnen indem er nicht wegen ein paar € weniger beim Wettbewerb kauft. Dann haben Sie eine gelungene Kundenbindung. Sie merken hier, dass Sie bereits mit stetiger Arbeit für den Kunden, der Kenntnis über bestimmte Persönlichkeitstypen, der Wahrnehmung von Kundenbedürfnissen und Ihrem Können Sympathie herzustellen, Kundenbindung erreichen können. Auf die Themenbereiche der Sympathie und die unterschiedlichen Persönlichkeitstypen bin ich im Kapitel 1 umfassend eingegangen. Weitere Möglichkeiten der einfachen Kundenbindung und der Erzeugung von Sympathie ergeben sich, wenn Sie für Ihren Kunden auch Aufgaben wahrnehmen, die nicht unmittelbar zum Geschäft gehören. Dies zeigt Ihrem Kunden, dass Sie ein ganzheitliches Interesse an ihm und seinen Bedürfnissen haben. Dieses, „einfach mal mehr machen" kann auch bei den Produkten angewandt werden. Beraten Sie Ihren Kunden nicht nur über das Produkt selbst, sondern geben Sie ihm auch Ideen und

Hilfestellungen, wie er das Produkt oder die Leistung am besten selbst vermarktet oder anwendet. Nur mit Vorsicht. Spielen Sie nicht den Oberlehrer, das macht unsympathisch.

Wenn Sie in einer eher kleineren Region tätig sind, kommen weitere Punkte für eine gute Kundenbindung hinzu. Dazu zählen gesellschaftliche Bekanntheit, gesellschaftliches Engagement, Hilfsbereitschaft und Umgänglichkeit. Natürlich sollten diese Aspekte auch in größeren Regionen bei Ihnen Berücksichtigung finden.

Geben Sie den Menschen Anlass gut von Ihnen zu sprechen. Bedenken Sie, auch Ihre Kunden kennen andere Menschen, andere Kunden und sind in Vereinen und Organisationen. Achten Sie immer auf ein positives Image. Ohne allen zum Munde zu reden.

Kapitel 5   Telefonakquisition und Sympathie

Mit Kaltakquise im Telefonverkauf ist meistens das Vereinbaren von Terminen bei potentiellen Kunden im B2B Geschäft gemeint. Eine Aufgabe, die den einen oder anderen unter den Verkäufern verzweifeln oder gar nicht erst beginnen lässt.
Für viele Verkäufer ist Telefonakquise unangenehm oder Sie haben direkt Angst davor. Nicht immer offen, doch wenn ständig andere Dinge wichtiger sind, es viele Ausreden gibt, es heute nicht tun zu können, dann haben Sie schon ein Indiz dafür, dass es so ist. Dabei

kann bei einer Akquise nichts passieren. Der potentielle Kunde ist noch kein Kunde, Sie verbrennen keinen Umsatz, wenn etwas nicht gelingt. Das ist bei einem Jahresgespräch bei einem Großkunden ganz anders. Aber eine Kaltakquise – völlig entspannt! Sie können nur gewinnen. Aus Null Umsatz können Sie einen Superkunden machen. Das ist doch super und super spannend noch dazu. Ihr Zeiteinsatz ist gering, die Kosten auch. Dagegen ist die Gewinnchance riesig. Ja, vielleicht müssen Sie sich die erste Zeit überwinden, um regelmäßig am Telefon Termine zu akquirieren. Glauben Sie mir das geht vorbei und es kommt der Punkt, wo es richtig Spaß macht und Sie schon am Beginn gespannt sind, was heute wieder passiert. Sie werden auch viele interessante Gespräche führen und viele Erfahrungen sammeln. Seien Sie der Manager über sich selbst. Selbstdisziplin, es lohnt sich. Bedenken Sie auch, umso größer die Investition für den Kunden ist, umso hochwertiger Ihr Angebot ist, je mehr haben Sie mit Ablehnung zu tun. Ja, Ablehnung gehört zum Alltag von Verkäufern. Wenn es mal wieder schlimm ist, denken Sie an die Gesetzmäßigkeit der Quote. Sind Sie qualitativ gut unterwegs, werden Sie Erfolg haben.

Quantität + Qualität = erfolgreiche Ergebnisse.

Wenn also einige Anrufe keinen guten Verlauf hatten, dann denken Sie daran, es muss jetzt demnächst etwas Erfolgreiches kommen. Es ist ein Prozess, der in vielen Branchen unabdingbar ist und richtig durchgeführt, immer Erfolge bringt. Das Unangenehmste in der Telefonakquise ist nicht die Ablehnung, sondern die Nichterreichbarkeit! Denn dagegen können Sie nichts tun. Gegen alles andere haben Sie viele Möglichkeiten.

Diese Disziplin im „Verkaufszehnkampf" ist für viele sehr wichtig und benötigt im Vorfeld die richtige positive innere Einstellung und eine gehörige Portion professioneller rhetorischer Fähigkeiten. Der Rest ist Sympathie. Ja, Sie haben richtig gelesen, Sympathie! Auch beim Telefonieren. Der größte Erfolg gelingt Ihnen, wenn Sie den „Nerv" des Gesprächspartners treffen. Wenn Sie es schaffen ein Gespräch zu entfachen, Verständnis erzielen, eine fröhliche Stimmung aufbauen und den Gesprächspartner zum Lachen bringen, wenn Sie auf Augenhöhe und locker entspannt rüber kommen!

Sie brauchen Sympathie! Mit diesen 4 Schritten zur Sympathieherstellung im Telefonverkauf werden Sie Erfolg haben:

1. Der sympathische Einstieg (Vertrauen, Spaß)
2. Stimme, Wortwahl
3. Eingehen auf Gehörtes (Ereignisse, Interessen)
4. Sympathisch und verbindlich „aussteigen"

5.1   Der sympathische Einstieg

Idealerweise haben Sie irdendeinen Aufhänger, einen Startkontakt. Entweder Sie hatten zu einem Angestellten des Unternehmens schon einmal Kontakt, oder waren bei einer Messe am Stand oder es gab im Vorfeld Kontakt wie und wann auch immer. In meiner Telefonakquise bin ich gerade bei den Jahren 2004-2007 und wir schreiben August 2016. Alles Kontakte, viele sind nicht mehr in diesem Unternehmen, der Einstieg ist jedoch um vieles leichter. Wenn ich so einen Kontakt nutze, gehe ich wie folgt vor: „Einen wunderschönen guten Tag Frau/Herr Kunde, mein Name ist Thorsten Michael Rau (hier sage ich bewusst nur meinen Namen, damit ich keine Abwehrmechanismen auslöse). Ich brauche bitte mal Ihre Hilfe." Antwort abwarten. „Vor längerer Zeit hatte ich mal Kontakt zu Frau / Herrn XY, gibt es den noch bei Ihnen?" Bei einem JA: „Oh, toll hat er noch die Durchwahl -16?" (Die Nummer ist manchmal erfunden) Bei einem NEIN: „Ah, na ist ja auch schon länger her. Wer verantwortet denn jetzt den Bereich Persönlichkeitsentwicklung im Vertrieb bei Ihnen?"
Um die ersten Abwehrmechanismen zu umgehen und einen Vorschuss an Vertrauen zu bekommen, ist es sehr günstig einen Bezug, am besten zu einer Person, herstellen zu können. Dabei ist es wichtig, nicht die Dienstansprache zu wählen, sondern das Gefühl zu vermitteln, als wenn Sie einen alten Bekannten suchen. Auch wenn Sie einen neuen Kontakt gleich ans Telefon bekommen, ist es wichtig, den Bezug zu vergangenen Kontakten herzustellen. Auch wenn das schon lange her ist, Sie müssen ja ohne Frage kein Datum sagen. Es hilft ein Gespräch in Gang zu bekommen und

jetzt liegt es an meinem Geschick Sympathie herzustellen und im Gespräch zu bleiben. Komme ich ohne dieses Vorgehen nicht über die Vorstellung hinweg, ist es nicht einfach Sympathie aufzubauen. Ich habe damit sehr großen Erfolg. Das ist der Grund, warum Empfehlungen, Messekontakte, CRM Kontakte neu oder aus vergangener Zeit so wertvoll sind.

Auch wenn Sie keinen Kontakt aus vergangenen oder neuen Zeiten haben, ist es notwendig, dem Gesprächspartner ein paar Worte zu entlocken. Es muss eine Interaktion stattfinden. Das erreichen Sie, indem Sie auf angenehme Art mindestens zwei Antworten entlocken. Eine kommt oft nach der Vorstellung und wenn es nur ein „guten Tag" ist. Meist sage ich dann danach: „Herr Kunde darf ich gleich zur Sache kommen?", oft wird dann geantwortet etwa so: „Ja, bitte." oder „Ich bitte darum." Dann geht es einfach weiter: „Sie wurden mir genannt, als der Verantwortliche im Bereich Vertriebsentwicklung. Ist das richtig?" Ist es so, fühlt sich derjenige wichtig, sein Selbstwertgefühl wird gestärkt und er steigt in das Gespräch professionell ein. Ist es so nicht, bekomme ich den richtigen Entscheider. Ich habe drei Antworten entlockt und bin mit der Frage „Darf ich gleich zur Sache kommen?" auf Augenhöhe. Denn Führungskräfte und Unternehmer haben keine Zeit zu verlieren und man plänkelt hier nicht lange rum. Einen kleinen Smalltalk baue ich bei unbekannten Neukontakten gerne hinten am Schluss ein, um so einen bleibenden und sympathischen Eindruck zu hinterlassen. Entscheidend ist letztlich, dass Sie im Gespräch sind und erste Abwehrmechanismen im Gehirn des Kunden überwinden konnten.

5.2 Stimme, Wortwahl

Ein wesentlicher Sympathieüberträger am Telefon ist die Stimme und die Wahl der Worte. Auf die Lautstärke der Stimme und die Sprechgeschwindigkeit müssen Sie sich einstellen. Das heißt nicht alles zu imitieren, aber eine Annäherung in diesen Punkten an das, was Sie hören ist notwendig, um Sympathie herstellen zu können. Das bedeutet natürlich von der ersten Mikrosekunde an aktiv zuhören und wahrnehmen. Wahrnehmen müssen Sie alles, was Ihrem Gegenüber einschätzbar macht. Also Vorbereitung auf das Telefonat ist oberstes Gebot und Sie müssen genau wissen, was Sie sagen, damit Ihre volle Aufmerksamkeit auf den Kunden funktioniert. Einschätzen müssen Sie den Persönlichkeitstyp, den Gefühlszustand und die Art und Weise wie das Telefonat angegangen wird. Zum Beispiel hat der Gesprächspartner Zeitdruck, war er schon fast auf dem Heimweg, ist er genervt usw.. Natürlich können Sie nicht gleich alles erkennen, einige, besonders gut trainierte Menschen, sind in der Lage trotz großem Stress ruhig zu telefonieren. Deshalb habe ich eine grobe Einteilung zum Einstellen meiner Stimme, Geschwindigkeit und Art.

a. zögerlich, stotterig, gehemmt, ängstlich, leise

b. ruhig, durchschnittlich, angenehm

c. hektisch, genervt, schnell, laut

Bei a werde ich leiser und langsamer, bei b bleibe ich wie ich bin und bei c werde ich schneller und lauter.

Wenn Sie jetzt noch die Wortwahl des Kunden aufgreifen, dann sind Sie ganz nah am Erfolg sympathisch für den Gegenüber zu sein. Nur Vorsicht bei der Wortwahl, nicht alles übernehmen wie ein Papagei. Übertreiben Sie es nicht. Übertreiben und zum Munde reden ist nicht sympathisch, das haben wir schon geklärt. Wenn jemand um 11.00 Uhr einen „guten Morgen" wünscht, dann ist das wohl ein Versehen und ich sage es nicht auch, weil der Gegenüber seinen Fehler dann wohl bemerkt oder denkt, ich wäre gerade aufgestanden.

Es gibt so viele Dinge und Ereignisse im Leben, die von verschiedenen Menschen verschieden interpretiert und bezeichnet werden. Ein Beispiel, welches mir sehr auffällt, ist die Bezeichnung für Verkäufer. Für mich ganz eindeutig, dass ein Verkäufer, der im Außendienst unterwegs ist, ein Außendienstverkäufer ist und alle anderen halt Verkäufer oder Innendienstverkäufer. Aber weit gefehlt. Wenn also eine Führungskraft von „unsere Kundenberater, Berater, Außendienstler, Kundenmanager, Gebietsmanager, Gebietsleiter oder Repräsentanten" spricht, dann weiß ich schon in welche Richtung das Training gehen muss. Alles klar? Berater belehren. Verkäufer beraten, wenn es für den Verkauf notwendig ist. Punkt! Beraten ist Mittel zum Zweck! Nicht mehr und nicht weniger. Verkäufer sind irgendwie alle, alle leben in irgendeiner Weise davon und sichern durch ihren Verkauf viele Arbeitsplätze.

Auch wenn ich es nicht mag. Wenn eine Führungskraft bei einem Akquisegespräch wieder „Kundenberater" sagt, dann sage ich das auch. Damit erhalte ich Sympathiepunkte. Danach ist es Zeit nach der Abschlussquote zu fragen. Oft stecken hier die Wünsche nach mehr Effizienz und Quote. Meistens ist das auch der Bedarf und Wunsch des Kunden. Dann kommen wir auf den Punkt und ich schlage vor, aus Beratern Verkäufer zu machen. Sind wir doch mal ehrlich, welcher Kunde kennt sich heute nicht aus? Doch wohl die wenigsten. Alle sind informiert und es geht oft nur darum, gemeinsam die beste Lösung zu finden. Die kann ich liefern! Das muss ich Verkaufen! Leider wird es oft nicht vorgelebt oder es bestehen alte lange eingefahrene Denkvorgänge und Verhaltensweisen. Oft bedarf es auch einer Überzeugungsarbeit. Gerade hier ist wieder die Gefahr den Kunden zu überfahren, also nicht sympathisch zu sein. Nämlich dann, wenn ich rede wie ein Top-Verkäufer und der Kunde noch die Beratermentalität hat. Also achten Sie immer auf die Wortwahl des Kunden, denn seine Denke können Sie erst nach und nach erkennen.

5.3 Eingehen auf Gehörtes

Den Kunden in ein sympathisches Gespräch lenken ist das Ziel, um dann den Weg zum Verkauf weiter zu gehen. Nutzen Sie daher Anlässe, Erzählungen, Gegebenheiten, Situationen, die für den Kunden wichtig und / oder angenehm sind.

Als ich neulich wieder mal die Personalchefin eines Unternehmens anrief, um abzuklären, wann wir das Projekt Verkaufsentwicklung starten, hat sie mir von ihrer Mutterschaftspause berichtet und dass sie warten möchte, bis sie wieder voll im Einsatz ist. In 3 Monaten will sie zurück sein. Am 20. März. Ich bin es gewohnt mir alle solche und ähnliche Anlässe zu notieren. Die superwichtige Wiedervorlage funktioniert mit allen Einzelheiten. Als ich also am 27. März wieder anrief, was glauben Sie habe ich wohl gemacht. Zuerst habe ich mich nach dem Nachwuchs erkundigt. Die Frau war gerührt, weil ich noch genau wusste, was alles in der vergangenen Zeit passiert war. Das sind schöne, emotionale Dinge für den Kunden. Er hört nichts lieber als davon. Ähnlich mache ich das bei Heirat, da fällt manchmal auch der veränderte Name auf. Da muss man dann halt mal vorher woanders nachfragen. Sowas macht Eindruck, spricht die emotionale Ebene an. Nach Scheidung oder Todesfall (sofern ich davon weiß) werde ich natürlich nichts ansprechen.

Positive Anlässe gibt es genug und oft genug kann man es in Erfahrung bringen oder man ist einfach nur aufmerksam. Manchmal reicht schon aktiv zuhören und offen fragen. Anlässe sind zum Beispiel:

Heirat, Geburt, Urlaub, Jubiläum, Beförderung, Abschlüsse, Geburtstage, Jahrestage, Auszeichnungen und was Ihnen sonst noch einfällt.

Nichts bringt mehr Sympathiepunkte als das Interesse und das Erwähnen von glücklichen emotionalen Ereignissen, die den Kunden betreffen. Wenn Sie eine professionelle, aber lockere und dem Typ entsprechende Stimmung erzeugen können, dann haben Sie große Chancen, dass Sie den Kunden für sich gewonnen haben. Außerdem habe ich die Erfahrung gemacht, dass 9 von 10 Gesprächen bei denen ich mit dem Kunden gemeinsam lachen konnte oder lustige Geschichten ausgetauscht wurden, zum Abschluss kamen.

5.4 Sympathisch und verbindlich „aussteigen"

Nachdem Sie Ihre Ziele im Gespräch erreicht haben, steigen Sie so verbindlich und so sympathisch wie möglich wieder aus. Sie bleiben locker und sympathisch, wenn Sie Ihre Etappenziele verfolgen und nicht verzagen, wenn Sie keinen Termin erhalten haben. Um immer etwas zu gewinnen, gehe ich nach folgenden Zielstellungen vor:

1. Maximalziel: Auftrag oder Termin
2. Alternativziel: Konzept   senden,   neuer   konkreter Telefontermin
3. Minimalziel: etwas   erfahren   wie   Ansprechpartner, Durchwahl, Veränderungen am Kontakt usw.
4. Ausstiegsziel: ein ok für Kontaktmail, Newsletter u.ä.

Auch am Telefon muss der Abschluss gut vorbereitet sein und darf nicht zu früh erzwungen werden. Das kann bei jedem Anruf und jeder Situation anders sein. Machen Sie zu wenig Druck, sind Sie nicht erfolgreich, ist es zu viel Druck wird die Sympathie schwinden.

Die Verabschiedung müssen Sie auch wie die Begrüßung so fröhlich, freundlich wie möglich gestalten. Lächeln Sie bei der Verabschiedung, damit das von Ihrer Stimme übertragen wird. Wenn es sich anbietet, dann ist jetzt der Zeitpunkt für einen Smalltalk. Am Anfang des Gespräches ist es unprofessionell und ein „Zeitfresser". Am Ende kann es die Sympathie erhöhen, wenn der Kunde dazu bereit ist. Fassen Sie generell immer kurz zusammen was beschlossen wurde und dann wünsche ich immer eine glückliche Zeit zusätzlich zur normalen Verabschiedung. Verbindliche Festlegungen der weiteren Vorgehensweise wirken sich immer positiv aus. Schreiben Sie eine Mail an den Kunden mit den vereinbarten Punkten oder dem Termin. Alles was Sie dem Kunden an „Arbeit" abnehmen können, macht Sie sympathischer und zeigt dem Kunden: „Lieber Kunde, du bist mir wichtig, ich biete dir einen Mehrwert!" „Mit mir hast du Erfolg und keinen zusätzlichen Aufwand."

Neulich hat mir wieder jemand etwas über Xing angeboten. Ich fand es recht interessant, hatte jedoch zu diesem Zeitpunkt sehr viele Seminartermine und wollte mich daher nicht zusätzlich belasten. Also schrieb ich kurz der Verkäufer möge mich bitte in 2 Monaten wieder kontaktieren, weil ich im Moment keine Zeit dafür aufwenden kann. Bis heute, ca. 6 Monate später, ist nichts geschehen. Für mich ein Ausschlusskriterium, keine Hausaufgaben gemacht. Das geht heute gar nicht.

Eine Terminbestätigung oder ein vereinbartes Konzept bekommt der Kunde am gleichen Tag abends oder am nächsten Tag und zwar personalisiert! Imagebroschüre oder allgemeiner Standard ist out! Je persönlicher und verbindlicher, umso besser. Wenn der Kunde wenig oder besser keinen Mehraufwand hat und immer alles auf einem Silbertablett serviert wird, dann wird er das als sympathisch und angenehm erachten und die Ausstiegsquote ist gering. Hausaufgaben machen, Leute! Das war schon in der Schule so.

Auf den Punkt:

- Telefonakquise ist in vielen Branchen und bei großen Gebieten unabdingbar
- Es ist das Vereinbaren von Verkaufsterminen bei potentiellen Kunden
- Quantität + Qualität = Erfolg
- Hier zeigt sich Ihre wirkliche Selbstdisziplin
- Der mögliche Gewinn ist bei geringem Einsatz hoch
- Auch hier ist Sympathie der Schlüssel zum Erfolg

Für Ihre persönliche Umsetzungshilfe:

Der gute alte Spickzettel

Er hat mir über so manche Klippe hinweggeholfen. Schließlich muss man in der Schule noch so viele andere Erlebnisse verarbeiten. Manchmal bleibt eben nicht genug Zeit für ausreichendes Lernen. Meine Chemielehrerin mag mir bitte nachträglich verzeihen. Na gut, heute sehe ich es auch ein wenig anders. Obwohl es auch heute noch immer mein ganz großer Rat ist, wenn es um Umsetzung geht.

Kennen Sie das? Da will man eine neue Verhaltensweise, die man gerade erlernt hat oder von der man gelesen hat, unbedingt nutzen. Oder nicht mehr diese schwammigen Konjunktive (hätte, könnte, würde...) sagen. Und dann? Alltag, Tagesgeschäft, Routine, Gewohnheit, jedenfalls hat man nicht mehr daran gedacht. Wie sagte doch schon Reinhold Würth: „Wissen ist Schlaf, umsetzen ist Macht!" Jeder weiß es oder hat es schon erlebt. Ich will - doch es gelingt nicht, weil ich nicht daran denke und irgendwann ist es aus der Erinnerung und aus dem Kopf.

Ich empfehle immer allen Teilnehmern von Seminar und Coaching: „Machen Sie sich Spickzettel!" Diese müssen an verschiedene Orte, die man oft besucht, gelegt oder aufgehängt werden, also Auto, Schreibtisch, Badezimmer.... So viel wie möglich. Das müssen keine Romane sein, die da drauf stehen. Der Denkanstoß, der auslösende Impuls lässt Sie an Ihr Vorhaben denken. Manchmal reicht ein Wort, ein Bild oder die Kombination. Dann wird es funktionieren. Dann können Sie Stück für Stück Ihren Körper, Ihren Geist oder Ihre Seele konditionieren und neue Dinge zur Gewohnheit werden lassen. Wofür auch immer Sie es nutzen. Es ist neben Ihrem Willen der Weg zur erfolgreichen Umsetzung!

Schlusswort:

Nutzen Sie meinen Ansatz und setzen Sie diesen um. Umsetzung ist eine der größten Herausforderungen zur persönlichen Entwicklung im Leben. Nehmen Sie diese an und Sie werden ein Wunder erleben! Da Sie dieses Buch bis zum Schluss gelesen haben, haben Sie einen großen Schritt getan. Sie haben Willen, Interesse und sind lernbereit. Jetzt kommt die Herausforderung der Umsetzung. Denn wie formuliere ich es gerne: „Wissen ist nötig, umsetzen ist Erfolg!" Zur Vertiefung und Umsetzungsunterstützung bietet Ihnen mein Unternehmen, das Team Rau Seminare, Coaching und Seminare an. Viel Erfolg!

Quellenverzeichnis:

*Kapitel 2.1: Paul Watzlawik, Kommunikationswissenschaftler(1921-2007), die 5 Axiome

*Kapitel 2.1: Nikolaus B. Enkelmann, die Macht der Motivation, mvg Verlag 2.Auflage 1999

*Kapitel 2.2: Prof. Albert Mehrabian, USA Psychologe, aus seinen Studien von 1967

*Kapitel 2.3: Paul Watzlawik, Janet H. Beavin, Don D. Jacksen, menschliche Kommunikation   Taschenbuch Verlag März 2000

*Kapitel 2.5: Vergleiche Lothar Seiwert – Friedbert Gay 1x1 der Persönlichkeit mvg 2002

*Kapitel 3.3: Daniel Kahneman, schnelles Denken – langsames Denken, Pantheon Verlag 15. Auflage 2015

*mehrere Auszüge und Abschnitte aus „sympathisch mehr verkaufen" Thorsten Michael Rau, Tredition Verlag 2016

Worte des Dankes:

In unserer Familie sind wir ein Team. Meinen beiden Söhnen (Steven und David), die selbst beide sehr erfolgreich sind, möchte ich von Herzen danken. Jeder ist für mich auf seine Art beispielhaft und das hat sich auch auf meine Arbeit stark ausgewirkt. Was ich meiner Frau Uta zu verdanken habe, kann ich hier nicht aufzählen, es wäre zu lang. Sie hat die Fähigkeit zu beruhigen, zu trösten, anzutreiben und Mut zu machen, so wie es gerade nötig ist. Das ist genial und ich habe große Vorteile dadurch. Alle sind immer da, wenn es wichtig ist!

MIX

Papier | Fördert
gute Waldnutzung

FSC® C083411

Zeitfracht Medien GmbH
Ferdinand-Jühlke-Straße 7
99095 Erfurt, Deutschland
produktsicherheit@kolibri360.de